教 亲子共读系列

内蒙古文化传播力建设研究基地项目成果

FUMUNANDANG

父母难当

如何培养好孩子

高云峰 著

北京师范大学出版集团
北京师范大学出版社

如何培养一个好孩子
HOW TO CULTIVATE A GOOD CHILD

目录
CONTENTS

代序 父母的人格决定孩子的命运

壹。如何做父母

01	父母的人格力量	2
02	教育的终极目标是培养幸福生活的人	8
03	父母的言行要经得起深究	10
04	每一个高考生都不快乐	12
05	母子间的礼物	14
06	素质教育与应试教育的三个根本区别	16
07	儿童智力发展的八大关键期	18
08	儿童成长的三个关键转折期	24

贰。什么样的孩子是好孩子

01	情义无价	28
02	健康人	30
03	文明人	32
04	智慧人	34
05	自尊自信	36
06	自立自强	38
07	与书为伴	40
08	向上向善	42
09	善良是人格的底色	44

叁。如何引导孩子高效学习

01	注意力是基础	50
02	速度第一	52
03	记忆有法	54
04	记忆可练	58
05	关于记忆的常识	60
06	绘制思维导图	62
07	不可一错再错	64
08	努力源于动力	66
09	乐此才能不疲	68
10	态度决定一切	70
11	从爱狗到爱读书	72
12	学会管理时间	74
13	你是不是成天都在瞎忙	76

肆。功夫在诗外

01	音乐——人类共同的语言	80
02	体育——承载的不仅仅是健康	82
03	绘画——窥望天堂的一扇窗	84
04	旅行——不仅仅是行万里路	88

伍。爱的艺术

01	学会爱很重要	93
02	会教育从会爱开始	94
03	有一种爱叫远离	96
04	自爱者人爱	98
05	珍惜羽毛 学会自爱	100
06	爱需要表达	102

陆。汲取传统文化的营养

01	礼仪之道	106
02	中庸之道	108
03	君子之道	110

柒。高入云端的教育

01	人云 你云了吗?	114
02	大数据 上帝的眼睛	116
03	云教育环境下的新型教学方式——翻转课堂	118
04	云教育环境下的新型教学方式——微课	120
05	云教育环境下的新型教学方式——慕课	122
06	人生在线	124
07	网瘾如毒	126

后记

父母的人格决定孩子的命运

代序

万事都有因果，但有些事，人们无法说清楚原因，比如为什么有的人出生在富庶的江南，而像我这样的人却出生在贫瘠的西北？为什么有的人出生在豪门，而有的人却生于贫贱？这样的疑问可以列举十万个。人们把无法说清的原因归结于命运，发明命运这个词的祖先真是一个伟大的哲人。孔子说："五十知天命。"过了五十，我自己真的感到命运也不是一个说不清的东西，它其实是有许多实在可感的内容，比如，对于孩子来说，父母的人格决定自己的"命运"。

我们姊妹弟兄有六个，现在都已年过五十，人生好与不好相对而言比较明了，念书多与少，书念的好与不好是最直接的原因。读书改变命运，似乎应了这句真理。再深究，是因为我们有一个坚信读书才能改变命运的母亲，在那个吃不饱穿不暖，饥寒威胁生存的年代，母亲克服常人难以想象的苦难，坚持供孩子上学读书。同村里哥哥姐姐的同龄人，我和弟弟的同龄人大多是文盲，个别的也只是念完小学就辍学了。真正改变我们姊妹弟兄命运的是母亲。

我还是小孩子的时候，听到过一个悲惨的故事，一个十六岁的少女怀孕了，无奈告诉了母亲。母亲当即哭骂，感到蒙受奇耻大辱的父亲不仅辱骂而且痛打女儿。感到无脸活在世上的女儿投河自杀，命运终止在十六岁的花季。

二十年前，我去一位领导家里，无意中说起他上高中的女儿这个学期成绩下降得厉害，父母认为一定是暗中搞对象了，不然一贯学习好的女儿怎么会忽然不好了？为此，家庭气氛十分紧张。我要求和孩子单独聊聊，没用五分钟我就搞清楚这个孩子得了过敏性鼻炎，因为从八月下旬开始，每天上午九点开始有一个多小时的时间鼻子酸头闷头疼，恰恰主课都在她头昏脑涨的这个时间上，结果可想而知。那个时候过敏性鼻炎还不像现在这么普遍，打喷嚏、流鼻涕算不上是病，孩子不主动说，父母想不到，小毛病产生了大问题。知道了原因，采取治疗措施，更重要的是父母不再埋怨孩子不专心学习，身体心理双重抚慰，孩子的病渐渐好转，成绩也渐渐提升，后来考上重点大学。

如果爱迪生的母亲和学校的老师一样认为爱迪生是傻瓜，如果比尔·盖茨的父亲不尊重孩子的爱好，不仅孩子的命运会改变，连人类的命运恐怕也会改变。

1995年，我当了大柳塔矿区子弟学校校长，这是一个从小学到中学一贯制的学校。我是一个喜欢家访的校长，几乎每一个双休日都要安排，家访的对象不做刻意的选择。通过家访，我积累了许多父母与孩子的故事。透过这些故事，我痛感一个人的成长与家庭与父母密不可分的关系，痛感父母在塑造一个人的性格、习惯上的重要性，痛感一个人的幸与不幸其实更多的取决于父母。按照我的标准，我的学生的家长几乎百分之百不合格，他们当了父母并没有学会做家长，无论是好学生还是所谓差生的家长。关于理念，关于方法，特别是关于好与坏的标准，距离教育的真谛真是十万八千里。

父母常说：不要让孩子输在起跑线上，殊不知父母往往就是孩子的起跑线。人们为孩子得到最好的教育绞尽脑汁，殊不知家庭才是最重要的教育场所，父母的人格是不可代替的教育力量。正是基于这样的认识，家校教育的一致性成了我追求的目标，写家庭教育的随笔，给家长学校讲课成了我的一项义不容辞的职责。这本小书就是我在"今日头条"中"教育的智慧"头条号上写的随笔结集，希望能够看到这本小书的人能够从中受到一点启发。

高云峰

2020年春于内蒙古师范大学

HOW TO BE A PARENT?

如何做父母?

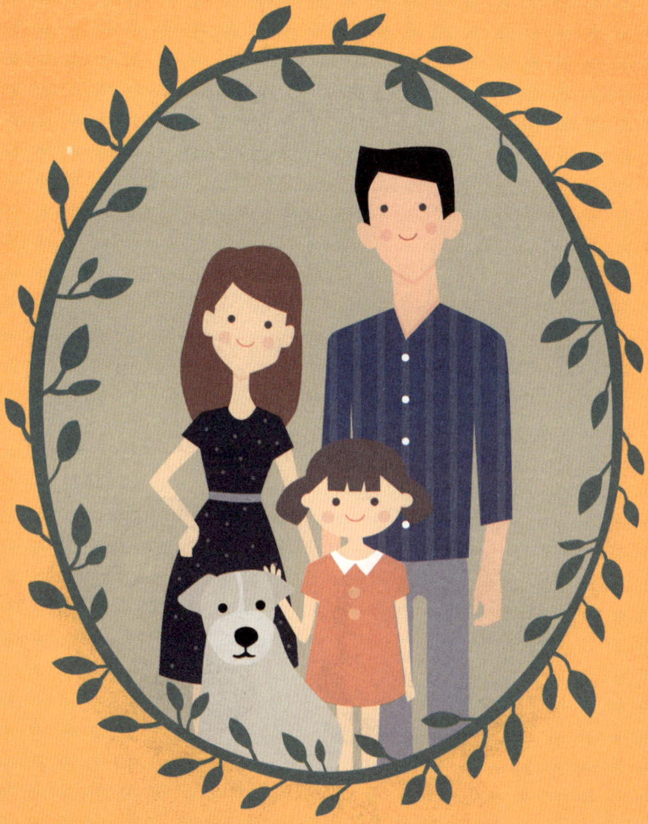

01

父母的人格力量
THE POWER OF PARENTS' PERSONALITY

一个人接受教育的途径不外乎三个方面：家庭、学校和社会。而家庭教育对人一生的影响最深，占时间最长，父母是孩子的第一任老师。一个人非智力因素的获得，主要得益于家庭。也有人对我说，某某是文盲，但某某的孩子品学兼优，以此否定家庭教育的重要作用。其实，这是对家庭教育的误解。我们所说的家庭教育不仅仅是指父母能够给孩子多少知识，抑或能讲一番古今中外的大道理。家庭教育或者说家庭影响包含极其丰富的内容，一篇短文难以尽述，本文仅就父母的人格力量对儿童的影响进行粗浅探讨。

人格是人的性格、气质、能力等特征的总和，是一个人内在道德品质的外在体现。父母由人格出发，投射到对社会、人生的认识，对事业、荣誉的态度，做事的方式，对人的情感，在孩子的成长过程中起着潜移默化、至关重要的作用，其影响时时刻刻、日日年年在发生着作用。养子如父，其中包含的道理不仅仅是遗传，更重要的是人格力量的浸润。

爱与善良是超越一切的教育力量

我一眼就能认出这样的孩子：他的父母相爱、家庭和睦。在这样的家庭成长的孩子善良、宁静、乐观、健康，眼神中饱含对人的信任，对善良和美好事物的敏感。因此，我曾不遗余力，不止一次反反复复地对向我求教家庭教育的年轻父母强调：爱与善良是超越一切的教育力量！和睦美好的家庭是孩子成长的沃土，父母相亲相爱是滋润孩子心田的甘霖。我曾以"忠诚"为题让学生写作文，有一个孩子的作文让我终生难忘，他写道：在他大约八岁的时候，母亲得了重病，父亲昼夜守在妈妈的床边。有一天黎明的时候他醒了，看见爸爸弯下身看着妈妈，眼神里充满悲伤、疼爱，眼角挂着泪水。看见爸爸的这一刻，他顿时明白什么叫忠诚。他说，从那天黎明起"我真正地爱我的父亲了"。这个孩子的作文让我深深领悟：对儿童的情感教育、道德教育不是靠说教获得，而是父母的行动。父母互敬互爱，尤其是父亲关心体贴母亲，孩子才会觉得世界上有真理，人间有美德，这种对人类的信念才是一个人道德的基础。苏联伟大的教育家苏霍姆林斯基说"父母是深深地、热烈地、忠诚地、相依为命地相亲相爱着。在这样的环境中长大的孩子，心底温和善良、宁静、心灵健康、真诚地相信人的美好，听信教师的讲话，对影响人们心灵的事物能敏锐感受（即对善良的言词和美好的事物）"。

我们喜欢善良的孩子，而孩子心田善良的种子靠父母播种。在我的记忆里，儿时的冬天格外寒冷，寒冷的冬天乞丐分外多。没有饭吃的农民要趁农闲外出糊口。每当这样的冬天有乞丐到我家的门口，不管这个乞丐是老是少，是男是女，也不管这个人是破衣烂衫还是臭气扑鼻，我的母亲一定要把人家热情的请进家，端上一碗热乎乎的饭。母亲从来没有告诉我这就是善良，可是，母亲的行为在我心灵里种下了人要怜悯人理解人的善良的种子，这样的种子越多，心田开出的善之花就越烂漫。珍妮特·沃斯和戈登·德莱顿在《学习的革命》一书中说过这样一段话："如果一个孩子生活在批评中，他就学会了谴责。如果一个孩子生活在敌意中，他就学会了争斗。如果一个孩子生活在恐惧之中，他就学会了忧虑。……如果一个孩子生活在认可之中，他就学会了自爱。如果一个孩子生活在分享之中，他就学会了慷慨，如果一个孩子生活在诚实和正直之中，他就学会了什么是真理和公正……"我们的孩子生活在什么之中？如果生活在爱与善良之中，那他就学会了爱与善良，这是家庭教育也是人类教育最大的成功。

父母勤劳的身影胜过千言万语

父母是孩子的样子，孩子是父母的影子。榜样是无声的教育，也是最有效的教育。教育的最高境界是自育，自我教育的自觉来自孩子对父母的模仿。我的母亲是一位目不识丁的农村妇女，一生养育了六个子女，教育子女的大道理讲不出一句，但却是方圆十里公认教子有方的母亲。在我的记忆里，母亲从早到晚都是不停地劳作，白天跟生产队干农活，晚上为大人孩子缝补衣服做鞋袜。长期劳累加上煤油灯下熬夜，患上严重的支气管炎，所以一边干活一边咳嗽成了母亲的常态。母亲勤劳不辍的身影，为子女为家庭洒汗、洒泪、洒血的苦难，深深地刻在我儿时的心灵！不学习、不努力，没有出息何以报效母亲？这种自悟，这种自育，这种底蕴十足的内动力，是从母亲无言的身教中获得的，任何说教难以比拟。曾经在媒体上看到这样一则报道：一位边远地区的聋哑妇女，抱养了三个被人遗弃的孤儿，她没有文化，不会说话，但她用勤劳善良，艰苦俭朴的人格抚育滋养孩子，孩子们在这个哑娘的怀抱中慢慢长大，个个健康阳光，性格开朗，诚实友爱，特别是无比地孝顺爱戴自己的聋哑养娘。中学毕业后这三个孩子还都考上大学。这样的孩子即使上不了大学，无论做什么都会是佼佼者，都会带给别人快乐。因为，他们有完善的人格支撑他们的人生。

那些整天游手好闲，不是上网聊天打游戏，就是搓麻将喝烧酒游手好闲的父母，抱怨孩子学习不刻苦不努力，第一没有资格，第二没有说服力。孩子的今天就是因为你的昨天啊。时代在变化，父母的生存环境，文化水平也在变化，可是身教对孩子的重要影响没有变化。孩子是天才的模仿家，父母的一言一行，孩子都会学着来，所谓"一两的身教胜过一吨的言教"。父母喜爱读书，孩子好奇的目光肯定会盯着书，他会天然地认为书里一定有特别好玩的东西，要不爸爸妈妈为什么一有空就盯着看。父母爱运动，孩子也一定不觉得运动是一件累人的活。父母喜欢画画，孩子也会长一双发现美的眼睛灵巧的手。父母沉浸于音乐，你会惊奇地发现孩子是一个音乐神童。父母有梦想，孩子才会有理想。人们总在说，性格决定命运，习惯养成性格。而孩子的所有好习惯坏习惯，几乎全都来自父母。由此推论，孩子的命运决定于父母的习惯。所以，父母要教育孩子，首先自育，要想让孩子成为怎样的人，自己首先成为这样的人。

视荣誉高于一切的父母必然有好学上进的孩子

人的一生难得一个"好"字。平心而论，所有的人，所有的家庭都希望有一个"好"字，可是，为了这个好，付出的努力与代价，获得的途径与方法却千差万别，就是这种"差别"，分出了"好"与"不好"。我曾经对某一年评为"矿区十佳少年"的儿童进行了深度研究，对这些儿童家庭的探访中了解到，这十个孩子的父母在单位都是好职工：不是担任领导职务就是技术骨干；在社会上是公认的好人：乐于助人，与人为善。十个家庭个个夫妻恩爱，家庭和睦，无一离异。其中有的孩子的父母还被单位评为"五好家庭"。深入访问的过程中我了解到，十个家庭几乎每一个都有"舍小家，保大家"，集体利益高于一切的感人故事。透过这些故事和他们获得的荣誉，我仿佛能看见这些父母在日常工作生活中克己奉公，诚实为人，勤奋上进的身影。给我留下十分深刻印象的是：这些家庭的荣誉墙。他们把孩子们历年的奖状都悬挂在客厅最显眼的地方，有的把孩子们的证书装裱在精美的镜框里。大人的奖状也都悬挂在"荣誉墙"上，因为奖状太多，有的家庭规定只挂当年的，其他年度的珍藏在专门的书柜里。有的家庭还规定家庭成员如果有谁被领导或者是老师表扬了，要主动通报，当天的餐桌上会给被表扬的人加一个菜。如果获得较大的奖励，全家人还要到饭馆聚餐或者到卡拉OK厅去唱歌祝贺。这些家庭真是把荣誉激励用到了极致，把赏识赞美用到了极致。儿童的荣誉感就是在这样的家庭氛围中形成的。即使你没有一点家庭教育的常识，只要你做到了随时随地夸赞孩子的哪怕是一点点微小的进步，你的教育就成功了多一半。现在，我经常会看到朋友在微信或者是微博上夸赞自己的孩子，看到这样的内容，我会毫不犹豫地点赞！我欣赏这样的父母，他们懂得激励的力量，懂得培养孩子的荣誉感，一个珍惜荣誉的孩子一定是一个好学上进的好孩子。

有勇于战胜困难的父母才有不怕困难的孩子

人生之路不平坦，常有沟沟坎坎相伴，这"沟"与"坎"就是困难。面对生活中的困难，父母以怎样的态度对待，面对学习和成长中的困难，孩子就会怎样对待。天津女作家苏杭罹患肝肾病，做过两次大手术，经历了十几年病榻的折磨，随时都有生命危险。就是在病床上，挂着输液器，她变换姿势躺着、跪着、趴着，坚持写作，有时还要丈夫用三轮车拉着去采访当事人。就在这样的情况下，完成几十万字的作品，多篇获国家级、省市级奖励。更为感人的是，她第一次住院女儿刘苏只有三岁，她发下"在病榻前浇铸女儿健康人格"的宏愿，在病房给孩子上文学启蒙课。亲历母亲苦难的女儿长大后写得《母爱》中这样写道："左手扎烂了／仍坚持悬挂输液器／为得是／留着右手／拼命写呀写／……，举事业为生命／妈妈的座右铭／在我的心中牢记／因而／我理解了毛泽东时代／感受到牛虻、保尔的魅力。"有一次，在救护车的尖叫声中，苏杭听见女儿边哭边喊："妈妈！记住牛虻！"有这样执着坚强，勇于战胜人生苦难的母亲，怎么会有软弱的孩子？刘苏在中小学成绩优秀，连年获市级三好学生、市级优秀学生干部。高中毕业前加入了中国共产党，被保送上了南开大学。在大学她一边完成繁重的学业，一边做学生干部，同时还做家教赚钱，领妈妈去异地寻医治病。可以预想在今后的人生道路上无论遇到怎样的困难，都不会难倒像刘苏这样的人。

失去父亲时，我的母亲膝下有四男二女六个孩子，长不足弱冠、幼尚在襁褓。时值"文化大革命"期间，家中人多口重缺乏劳力。吞糠咽菜之余，断炊之事时有发生。母亲以病弱之身，残羽护群雏，只手擎家天，缸里没米求亲戚，袋里没钱告朋友，不向苦难低头，不被压力击垮，白日劳作于田中，夜间缝补于灯下，常常通宵达旦。赖母亲精心策划，辛勤劳作，十年艰辛，终于渡过难关，走出深谷。母亲不畏困难不惧艰辛永不言弃的品格深深植根于儿女的心中，所以能吃苦不畏难成了我们兄妹的共同性格。时至今天，我无论是生活还是工作中遇到困难，都会不由的想起母亲，觉得自己所遇到的这点难处，比起母亲的困难，何足挂齿！所以苏霍姆林斯基说："尽量提高自己在孩子眼

中的地位，以便使孩子看到你在播种这颗种子时你生命的崇高意义。"

有传统美德的家庭才有高尚道德的孩子

家庭是滋润儿童健康成长最重要的环境，家风也就是中国人传统美德在家庭的传承。研究表明，一个人的道德感在 2—7 岁是最重要的形成阶段，而这个阶段儿童生活的场所是家庭，接触最多的人是父母。何谓传统美德？概括的说就是礼仪之道、君子之道。礼仪之道说的是尊卑有别、长幼有序。父母要时时处处给孩子树立尊老爱老的榜样，言行举止懂得尊老爱老，做到尊老爱老，家里有好吃的首先让长辈吃，饭桌上的第一碗饭端给长辈，和长辈说话和颜悦色。"融四岁，能让梨"，一定不是天生的。礼仪不仅仅培养爱，更培养人敬畏的情感。君子，是中国人人格的最高标准，善良随和、谦让诚信、仁义宽厚、无私俭朴、博学明智、中正坦荡等，这些词都是属于君子的，所谓君子厚德载物。用君子的标准教育自己要求自己，用君子的标准做人处事，孩子从父母身上自会汲取美德的甘霖，长大了会有做人的底线，道德的底线。多少犯罪分子，多少位高权重的贪官，原因可能有千万条，归根结底有一条就是没有坚守住道德的底线。

我始终认为教育的所有意义和终极目标就是培养幸福生活的人。父母在教育孩子的过程中自我教育，在完善孩子的同时自我完善，在培养孩子成为幸福的人的同时，父母幸福生活，孩子父母都幸福，这个家庭必然是一个幸福的家庭。

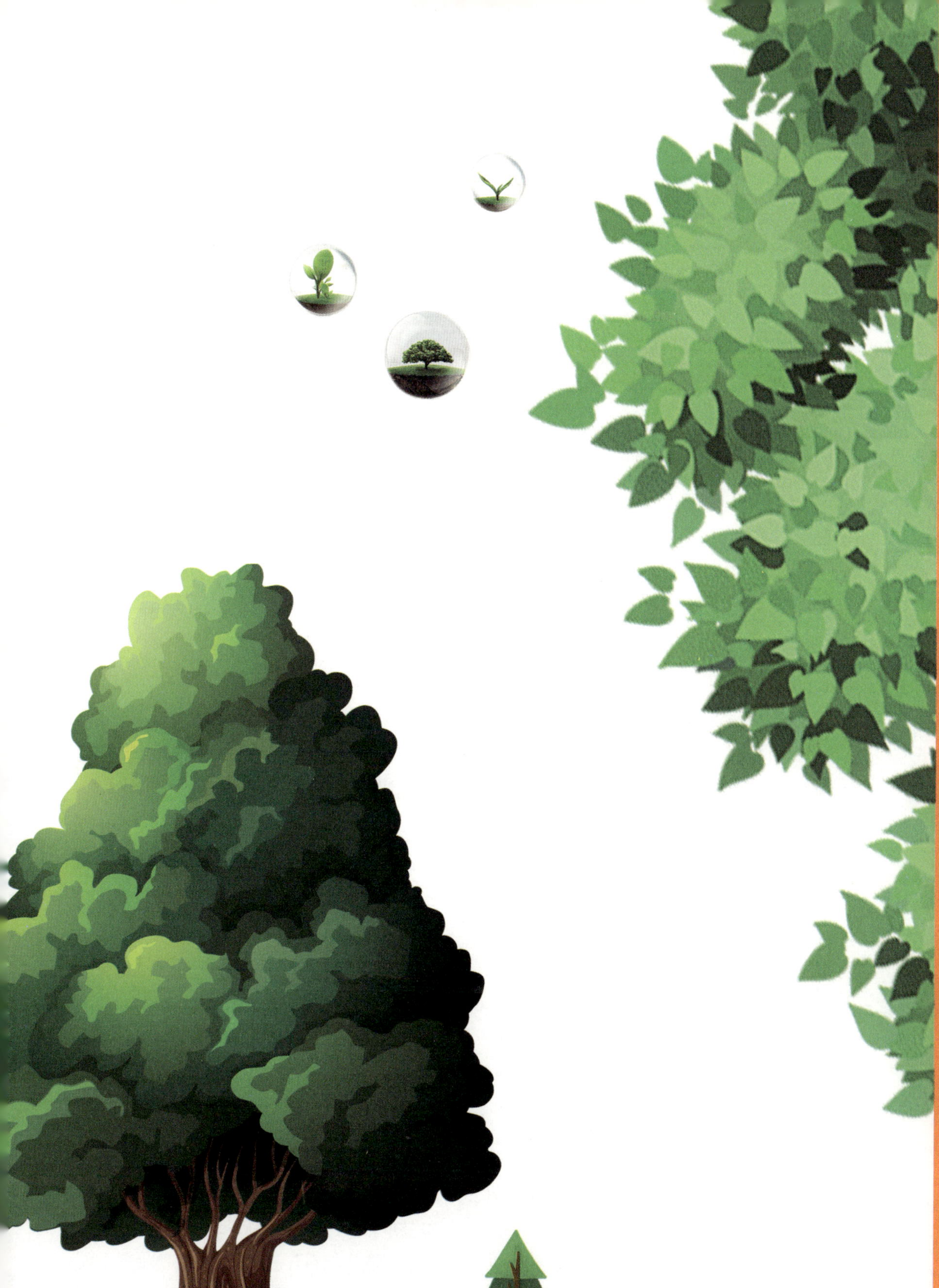

02
教育的终极目标是培养幸福生活的人
THE ULTIMATE GOAL OF EDUCATION IS TO CULTIVATE A HAPPY LIFE

教育的所有含义与最终目标一言以蔽之：培养幸福生活的人。其实，人类脱离蒙昧走向文明的过程也就是追求幸福生活的过程，而在这个过程中，并非所有的人都是幸福的人，恰恰相反，绝大多数人都觉得自己很不幸。所以，教育在教给人们认识世界改造世界的知识的同时，首先要教给人们认识自己改造自己的知识与能力，把人培养成幸福生活的人。苏霍姆林斯基说："在教学大纲和教科书中，规定了给予学生的各种知识，但却没有给予学生最宝贵的东西，这就是——幸福。理想的教育是：培养真正的人，让每一个自己培养出来的人都能幸福地度过一生。这就是教育应该追求的恒久性、终极性价值。"那么，教育如何培养幸福的人呢？答案不是唯一，探索无穷。我的答案是：把人培养成有智慧的人、健康人、文明人、自尊自信的人，就是幸福的人。

智慧，是做人的最高境界。教育既要"爱知识"，教育更要"爱智慧"。英国近代哲学家、教育家洛克（Locke.J.）提出，一个有德行的绅士应当具备"理智""诚实""智慧"和"礼仪"这样四种品质。他称："我对智慧的解释和一般流行的解释是一样的，它使得一个人能干并有远见，能很好地处理他的事物。"学校教育的所有课程都有让人的头脑变得聪明的任务。但是，聪明不等于智慧，聪明是智慧的基础，智慧是聪明的高级形态。智慧的人既有科学的头脑，又有辩证思维，能够明辨是非好坏，能够由因导果预知未来，能够趋利避害保护自我。这样的人思考什么问题，都是立体的全方位的，既看事物的正面反面还看里面，既看上中下还看左中右。既能全面的客观的辩证的看待问题，不固执、不偏见，又能发展的变化的看待问题，不短视、不肤浅。智慧的人，既能够正确的认识自己，还能正确认识自己与他人，自己与环境，自己与世界的关系。在中国人的词典里，世事洞明是智慧，审时度势是智慧，包容宽容是智慧，善于取舍是智慧，中庸之道更是智慧。一个有智慧的人不会因为别人的成功而嫉妒，不会因为自己的欲望不能满足而懊恼，更不会为琐事愁怅。一个有智慧的人不会因为自己所谓的完美自责责人，更不会因为别人的错误暴跳如雷。一个有智慧的人不仅能够看见还能看懂，不仅能够看透还能看开。一个能够妥善适度地处理自己与他人、自己与环境、自己与自己关系的人，也一定是一个善于解决矛盾化解烦恼的人。我们常说心态好的人幸福感强，仔细想想，心态源于"脑态"啊。正确的思想认识才是人生幸福的源泉。

健康是人幸福生活的物质基础。健康有两方面含义：身体健康和心理健康。心理疾病比身体疾病更令人痛苦，一些看上去靓丽光鲜的人，每天生活在痛苦的深渊。心理疾病已经成为现代人的大敌，过去因为抑郁夺去生命的媒体报道屡见不鲜，现在你身边这样的人也屡见不鲜。说到底，财富、地位、权力、荣誉是靠身体享受的，有人说健康是1，后边的都是0，没有健康一切都归0，形象生动。苏霍姆林斯基说："良好的健康和充沛的精力，这是朝气蓬勃感知世界、焕发乐观精神、具有战胜一切艰难险阻的意志的一个极重要的源泉。"教育在人的生命、生存、生活中具有三重意义，任何一重都离不开健康，没有健康，生命、生存、生活都没有意义。小时候母亲给我讲过一个真实的故事，说是村里一位地主家财万贯，五十多岁时得了一个怪病，隔一会儿上一趟厕所，一天要几十趟。实在烦恼的不行，喝卤水自杀了。现在想来他是得了前列腺炎，那时候没有医药条件，这点小病把他折磨死了。看到过太多因为健康原因痛不欲生的人，连生命都不想要，何谈幸福？

文明是幸福生活最重要的环境。一个人是否生活的幸福，环境十分重要，而人是最重要的环境，好山好水不如有好人。你是我的环境，我是你的环境，人和人互为环境。教育的真谛是育人，育人要育什么样的人？就是要培育有情有义、向上向善、自立自强、爱读书会学习、有修养懂规则、讲义气守信誉的文明人。和文明人打交道我们不生气，和文明人生活在一起我们有安全感，文明人让我们感受到爱与善，感受到世界的温暖。如果世界上的人包括我们自己都成了文明人，世界就成了天堂，生活在天堂当然幸福！

自尊自信的人才能发现幸福，感受到幸福。苏霍姆林斯基说"人类有好多高尚的品格，但有一种品格是人性的顶峰，这就是自尊心"。自信首先来自自尊，自尊自信的人，相信自己，爱自己，对自己有积极的评价，对他人对世界总能看到阳光的一面。自卑是自尊自信的反面，也是心理疾病的起因。一个不自信的人，即使生活在幸福中，也不会感受幸福，体会幸福。

每一对父母都渴望自己的孩子成为幸福生活的人，要成为一个幸福的人，前提是他得是一个有智慧的人、健康的人、文明的人、自尊自信的人。

03

父母的言行要经得起深究

PARENTS' WORDS AND DEEDS SHOULD STAND UP TO THE BOTTOM

于欢因母被辱持刀杀人，舆论一边倒支持于欢。我不是法律专家，是正当防卫还是防卫过当，我说不清。但是，作为一个家庭教育的研究者，这件导致家庭破碎的恶性事件，留给我们总结思考的教训实在是太多。

我不能想象，于欢的母亲做什么生意要用月息百分之十的高息贷款？即使是因为资金周转急迫，不得已而为，最终确认不能清偿债务，也有多种方式处理，比如实物抵偿、股份抵偿，实在是资不抵债，到人民法院申请破产。由于经营不善，更由于处置不当，已经把家庭逼到危险的悬崖，为什么不主动报警寻求保护？为什么不主动到法院申请破产，进入法律清偿程序？趋利避害是一个商人的基本素质，保护孩子是一个母亲的本能，这两点于欢的母亲都没有做到。高利贷引发恶性事件，在全国并不偶然，家庭因此陷入绝境比比皆是，最大的受害者其实是孩子。我的一位亲戚因为还不起高利贷，房子被债权人抢占。她向我哭诉，看到孩子的书包被人家扔到楼道，书本、笔、文具撒了一地，心如刀绞！我心疼的是孩子的世界在这一刻该有多么黑暗！我认识的另一位熟人是因为放高利贷家庭陷入绝境，他的妻子去借款人家里讨债，被人家上初中的儿子一拳打伤眼睛，差点失明。这个打伤别人眼睛的孩子尽管由于年龄免于法律制裁，但曾经伤害过别人的记忆永远不会免除，这一拳，彻底打掉了一个好人的招牌，他已经自己把自己开除出好人的行列了。我研究家教家风对孩子的影响，研究家庭文化的建设，然而陷入借贷困境的家庭，家风何从谈起？文化又何其遥远！

在商言商，我不在商，实在不能理解商人的心理。人们都痛恨放高利贷的人，心太狠，心太黑！高利贷肯定是违法的。违法超过道德底线，不适用道德评价，属于法律惩戒的范围。有放高利贷的，肯定就有借高利贷的，我想知道的是借贷的人为什么铤而走险，明知山有虎，偏向虎山行？于欢的母亲用月息百分之十的高利贷借款，世界上肯定没有如此暴利的买卖，只能是临时周转。当她借这笔款的时候，她是否想清楚能否按时偿还？如果不能，怎么办？决策之初，能够想到的后果只有两条：因为借了高利贷渡过了难关，因为借了高利贷遇到更大的困难。若是后者，预案是什么？一个合格的商人，信誉是生命，无论遇到怎样的情况，捍卫信誉、信守承诺是第一位的，愿赌服输，所有的理由都是借口。于欢在母亲受辱的时候，挺身而起，以命相搏，尽的是孝道，尽的是儿子的本分，这也是人们同情支持他的原因。可是，往深里想，于欢的母亲受的辱，是自取其辱啊！没有证据表明她借高利贷是暴力胁迫，是没有尽到约定的偿还责任在先，暴力胁迫侮辱在后。假设高利贷按时偿还，以后所有的问题都不会发生，假如不赌高利贷，借高利贷前就老老实实走破产保护的法律程序，只有钱的损失，不会家破人亡。

我的老家神木有一句话叫：你谋人家的利，人家谋你的本。说的是借贷人原本就抱着不还的心理借贷，多大的利息都行。如果于欢的母亲也是这样的心理借贷，那她今天的受辱，导致的悲剧，我们还能同情得起来吗？商场如战场，成功与失败都很正常，成功了会失败，失败了还能再成功，比如史玉柱。无论是成功还是失败必须坚守道德底线，底线失守，成功无人喝彩，失败了无人助你反败为胜。

君子爱财，取之有道。不仅是说获取财富要用合理合法的手段，还包含对财富的追求要有度。有位先贤说：人类最大的悲哀是能力有限，而欲望无穷。无穷的欲望，必然导致无尽的灾难，这样的事例真是比比皆是。《朱子治家格言》里说："德不配位，必有灾殃。"所谓厚德才能载物，德行永远是做人做事的基础，也是承载财富的基础。

金钱与幸福，金钱与道德，金钱与人生，掌控好两者的关系，把握好其中的度，实在是人生的大智慧，不仅对孩子，对我们家长也是人生的重要课题，幸福的密码就在其中。

04

每一个高考生都不快乐

EVERY COLLEGE ENTRANCE EXAM STUDENT IS NOT HAPPY

高考分数线公布一个星期了，我接触到的考生和家长全都是忧心忡忡，没有一个是快乐的。考上一本线的不快乐，遗憾没有多考几分，现在的分还不能上理想的大学。考上二本线的不快乐，若是再多考几分该多好，那就上一本线啦。考上专科的更不快乐，念高职高专，将来去哪儿工作？选择大学也纠结，大学满意，城市不满意，城市满意大学不满意，专业好大学一般，大学好专业不理想。家长和考生也是矛盾激化，高三忍了一年的话终于可以一吐为快，各种指责经过长期酝酿，用词精练，刻骨铭心，似投枪，似匕首，冷嘲热讽，远超鲁迅。填报志愿更是南辕北辙，父母主观武断，孩子不以为然，而我们这些所谓的专家，接待咨询的前半个小时主要是化解家庭纠纷。

高考固然是人生一次十分重要的选择，但把高考看成人生成功与失败、幸福与不幸、尊贵与低贱的分水岭，甚至人生的全部肯定是在认识上出了偏差。所有的矛盾其实都源于这种偏差。高考结束了，分数知道了，对于我们自己的考分，已经成为不可逆转的结果，所谓木已成舟。那就从"舟"开始思考谋划，以"舟"为基础抉择。从心态上，不要不切实际的攀比。有一位理科考生考了557分，排名自治区7013名，家长孩子都愁眉苦脸的来找我。我一听孩子的考分和排名，就说"哇！太厉害了，八万名理科考生，有七万名被你家孩子甩在身后，自治区最好的大学专业随你挑"。家长听了喜笑颜开。一个孩子考了370分，排名五万名，一家人自然是唉声叹气。我告诉家长"考的不错，起码有大学念，高职高专也是大学呀。再说，五万名听起来排名挺后，可是还有三万名不如他，差不多二十所学校的学生没有考过他"。这样一想，也挺高兴。考了170分，我也会开导："我们的孩子走正路做好人，不吸毒不干坏事，健健康康多好呀！你知道有多少孩子就我说的这两句话都是奢望。再说，高考700分，孩子就成了国家的，170分还是你的。"你会说我这是阿Q思维，不错，人生的智慧很多情况下就在于想不出去往回想，退一步海阔天空说的不就是往回想吗？再说，上大学，上名牌大学不是人生成功的唯一出路。我高中的母校搞了一个校史陈列馆，建校六十年，选取了他们认为的30位杰出校友，所谓成功人士。我注意到其中一半人没有上过大学。30人中"文化大革命"期间读高中的比例最大。而莫言没有上大学更是特例，我不想以此说明不上大学也可以创造辉煌，我只想说上大学肯定不是人生幸福的唯一源泉。

至于高考志愿的选择我一贯主张首先是兴趣爱好。人一生活3万天，有1万天活在职业中，如果从事了一个不喜欢的工作，一半的幸福就失去了。学自己喜欢学的知识，做自己喜欢做的事情，不仅生活得幸福快乐，也有利于创新创造，体现自我价值。子曰"知之者不如好之者，好之者不如乐之者"。古今中外我没有看到一例发明创造是在自己不喜欢的领域取得的。如果兴趣爱好不明确，尽量选择基础学科，以便上大学后，逐步发现自己的潜力，寻找自己感兴趣的专业。比如文史类选择汉语言文学，理工科选择数学、网络工程、计算机科学等。大部分的大学在大二的时候也有一次专业调整的机会。在城市、大学、专业的选择上，家长一定要尊重孩子的兴趣爱好，尊重孩子的选择，千万不可主观武断，以孩子不懂为由擅做主张。父母与孩子注定是一场渐行渐远的分离，该放手时要放手，选择什么样的生活方式既是一个人的权利也是一个人命运的组成。父母不是上帝，创造了孩子的生命还能安排孩子的命运。我知道父母以爱的名义可以有千万个顾虑，但是以我的经验，百分之九十九是自己吓唬自己。我们只需要明白，生活在21世纪的中国人是幸运的，幸运有着无限的含义。

05

母子间的礼物
GIFTS BETWEEN MOTHER AND SON

1979年8月13日上午11时左右，在我的老家陕西省神木县花石崖乡高念文村，乡邮递员送来一封挂号信：榆林师范学校的录取通知书，是送给我的。当年，大学和中专是分开考的，我为了保证能够离开农村，也因为家庭的特殊困难，执意不听老师同学的劝告，报考了中专。从报考志愿表填写的那一天开始，我的心里就笼罩上隐隐的失落感，看到通知书的这一刻，心如掉进枯井。我的母亲目不识丁，她根本不懂大学与中专的区别，我告诉她我考上了能当老师的学校，并且特别强调是公办老师。因为我母亲十分羡慕村里小学的民办老师，常说人家风吹不着，雨淋不着就把饭吃了，言下之意她的儿子要是能当民办老师就好了。母亲听到儿子不仅能当老师还是公办的，异常高兴！让我把通知书念给她听："高云峰同学，你被录取在榆林师范学校，请于10月15日持通知书到学校报到。""完了？这么短？"听我一字一句念完，母亲满脸疑惑，母亲觉得这么重要的一封信，怎么能这么短！她一把夺过我手里的信封，说要让在村里当民办老师的三婶读给她听。去三婶家的路上，只要遇见人就晃晃手里的信封，主动告诉人家：我儿小林（我的乳名）考上公办老师了！

夸了一圈回来已是正午，母亲说这么大的喜事，一定要祝贺一下。我明白母亲的祝贺就是吃一顿好饭。可是，家里如水洗过一般，每天稀饭能吃饱都是问题，能吃什么好饭？困难难不倒母亲，东家借软米，西家借油，自己家有土豆粉芡，母亲要吃陕北最好的饭：油糕粉汤。

粉芡要变成粉条，软米要变成油糕，工序十分复杂。中午一家人草草喝了点稀饭，全家总动员开始油糕粉汤工程。二哥负责漏粉，我负责把淘好的米在石碓臼里捣成糕面，弟弟担水劈柴捣炭，母亲脚不停手不闲的忙里忙外。光是捣米面就耗费了一下午的时间，脱了衬衣脱背心，光着膀子汗水能流到脚后跟。米面捣好了，我累得腰酸腿困、筋疲力尽。太阳落山时分，母亲开始蒸糕，蒸熟了还要和、揉，然后才能炸。炸糕是点上煤油灯进行的。大约晚上十点钟，一家人终于吃上油糕粉汤。母亲的高兴、劳碌，更使我万分的惭愧！母亲不懂大学与中专的区别，可是我懂啊。那一天我暗暗下决心：一定要还母亲一个大学。

中师毕业工作三年后,我如期考上大学,

并且是带薪的。母亲真是喜出望外，一定要再做油糕粉汤祝贺。这时母亲已经跟着我住在城里，到街上的食堂买油糕、买粉汤，都很方便，但母亲执意要自己做，只让我买回油糕粉汤的原料。我懂得母亲的心，她这是唯一能给儿子祝贺的礼物。

1995年，我当了神华神东公司子弟学校校长，原来只期望儿子当公办老师，现在居然成了管老师的人，远远超出了母亲的期望。油糕粉汤一定是少不了。

2006年，我通过参加内蒙古自治区"一推双考"（组织推荐，考试、考核），考上副厅级，全区参加考试的副处级以上干部1280人，通过笔试、面试、考核，最终只录用了5人。我被安排到集宁师专任党委书记，成了大学的领导。躺在病床上的母亲，无力给我再做"油糕粉汤"，但她脸上的笑容灿若夏花！

母亲给我的礼物是：为儿子每一次的进步，哪怕是微小的进步而高兴；我给母亲的礼物是：努力做她心目中有出息的人。自从收不到母亲的礼物，我亦再没有礼物给亲人。

06 素质教育与应试教育的三个根本区别

THREE FUNDAMENTAL DIFFERENCES BETWEEN QUALITY EDUCATION AND EXAMINATION ORIENTED EDUCATION

原以为素质教育与应试教育的孰好孰坏用不着再讨论了，没想到，江苏省连云港市某区教育局长陆某某的一篇《充分认识应试教育的政治正确性》，在网上大火，跟帖无数，支持叫好者众。这位教育局陆局长对应试教育与素质教育的混乱错误的认识与振振有词理直气壮相得益彰，给人留下深刻而鲜明的印象。不奇怪家长网民对素质教育与应试教育认识偏差，一个教育局长尚且如此糊涂，令人齿冷心寒！关于素质教育与应试教育的区别是一篇大文章，这样一篇短文显然不能承载，但我想列三条最重要的区别如下：

教育目标不同，素质教育是育人为本，培养德、智、体、美、劳等全面发展的合格的公民，而应试教育的目标是层层选拔高一级的所谓"尖子"生。应试教育"应试"二字道尽真谛，一切为了考上更好的学校。什么衡水二中，什么毛坦厂中学，看看他们的学校作息时间表，哪有教育，充其量就是"教学"，而且把教学按照生产流水线的管理办法标准化、量化，把学生当成流水线上的产品，当成马戏团训练的动物，用牺牲学生的休息时间换取分数，用高强度、大运动量反复训练，提高应试能力。大面积的学生厌学、弃学，与枯燥乏味重复僵化的训练关系极大，与沉重压抑的课业负担关系极大。

教育对象不同，素质教育强调必须面向全体，而应试教育的选拔性决定了只能面向少数。能够有智力、体力、意志适应应试教育高强度、大运动量训练的学生毕竟是少数，再说中国的重点院校数量也有限，招生

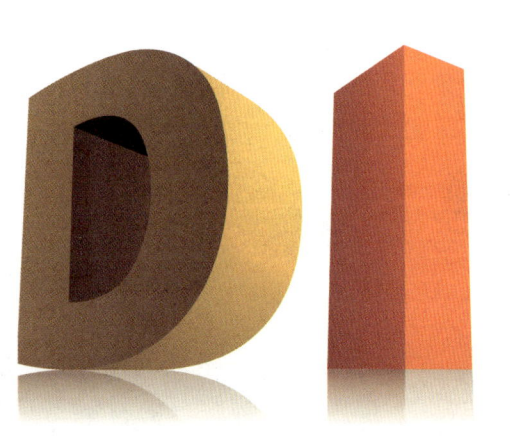

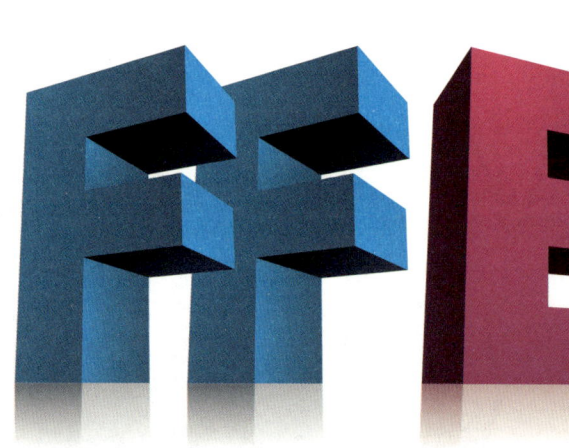

指标相对固定，不可能让更多的人进入。每一个校长对此心知肚明，所以，"掐尖"选优成了每一所名校的第一策略，花钱"买"优秀生，为优秀生补助伙食，为特优生家长安排陪读公寓等怪招频出。至于用"特优班""火箭班""奥数班""宏志班"等名堂择优"掐尖"更是屡见不鲜。这些特殊的班级就成为冲击名校的"特训营"，从教师安排到教学设备，从时间安排到伙食营养，全部特殊化，而对没有希望考上名校的百分之九十的学生放任自流。以内蒙古自治区为例，2017年度有高考生近20万，考上一本分数线的不到3万，也就是不到15%，而内蒙古的一本线是466分，相对于750分的总分也就是只要得分率达到60%以上的考生即可以上一本。而75%的考生在及格线以下，这就是12年应试教育的最后成绩单，全力以赴追求分数、追求升学率，却把绝大多数的学生甩在应试的半路上。

教育评价的标准不同，素质教育的评价标准是德、智、体、美、劳创新精神，实践能力的综合评价，而应试教育对学生好坏的标准就是考试分数。从小学到高中，学生好坏的评价标准集中到单一的考试成绩，用考试成绩这一把尺子衡量学生的优劣好坏，只要考试成绩好，一俊遮百丑。从班干部到各种荣誉都是成绩好的学生包揽，连教室座位都是按照考试成绩高低从前到后排列。更有甚者，成绩好的学生犯错，老师百般庇护，致使一些绩优生骄傲自大、目中无人、骄横跋扈。

教育不仅仅是捧上一张张高一级学校的录取通知书，而是捧出一个个有鲜明个性的活生生的人；教育不仅仅是追求百分之多少的升学率，而是追求每个学生的生动、活泼、主动的发展；教育不仅仅是每年高考结束后有多少清华、北大，有多少985、211，而是教师与学生共度的生命历程、共创的人生体验。教育培养的应该是兼备高尚品德与聪明才干、创新精神与实践能力、鲜明个性且善于合作的一代新人，是我们国家不同层次合格的建设者、接班人。应试教育扼杀人的主动性、创造性，目标单一、学习内容单一、评价标准单一，眼睛只盯极少数，严重背离育人至上的教育本质。

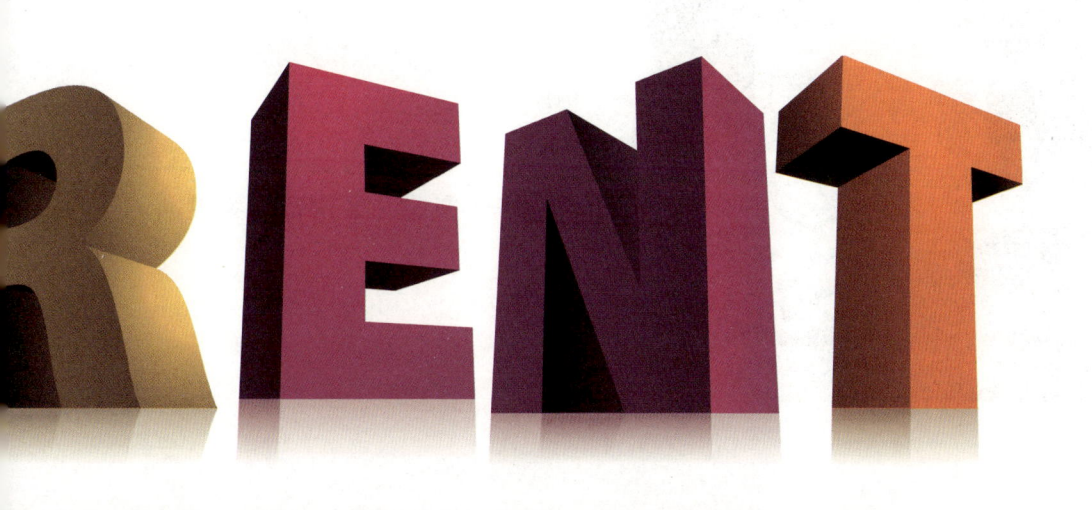

07

儿童智力发展的八大关键期
EIGHT CRITICAL PERIODS OF CHILDREN'S INTELLECTUAL DEVELOPMENT

美国教育家、心理学家霍尔说"一两遗传胜过一吨的教育",虽然有点偏激,但以我一生与儿童打交道的经验,心里十分赞同。可是,如果父母不能正确地引导教育孩子,天赋也会被埋没。儿童各种能力的增长并不是齐头并进的,而是有各自的发展最佳期,发展孩子的智力如果能抓住儿童各种能力发展的关键期,施行早期教育,为儿童创造更为优越的客观条件,儿童的智力潜力就会得到更大的发挥。

0—4岁是儿童形象视觉发展的关键期。

从出生起在宝宝周围放置一些五颜六色的布制小猫、小狗等,时常移动玩具刺激他的视觉。

到一周岁以后,在墙上贴上一些画,指给他看,并且告诉他画的名称和内容。用三棱镜将太阳光反射成七色光映到墙上,指给他看。

两周岁以后,创造一切条件带宝宝到户外观赏大自然的风光,感受大自然的丰富多彩。

三周岁以后,在给宝宝看某样东西时,同时让他用小手去摸,用鼻子嗅嗅,并用清晰准确的语言告诉他这样东西的名称、用途等,充分刺激宝宝的感觉器官。看、听、摸、闻并用,人的各种感知觉功能是相互融合、相互促进的。

0—3岁是儿童辨音的关键期。

宝宝出生1周后,就能辨别给他喂奶的妈妈的声音,4周就具有对不同发音的辨别

两周岁以后，利用游戏的机会，让宝宝辨别从各个不同方向传来的声音。多与周围的人接触，让宝宝感受不同的声音特点和模式。

三周岁开始，在能发出七个音的琴键上，分别拴上红、橙、黄、绿、青、蓝、紫七种颜色的带子，敲这些键给他听，并告诉他键的名字，这样可以同时训练宝宝声音和颜色概念。放经典的音乐，既训练听觉，又对宝宝的性格以及智力发展有益。

力。从出生到1岁是语言的准备期，是语言发生的基础。

从出生起，在宝宝睡醒后，经常唱歌或放音乐给宝宝听，经常对宝宝说话，朗诵韵文、诗歌，教人物或物品的名称等，千万不要以为孩子听不懂而不与孩子交流。

一周岁以后常带宝宝到户外聆听周围环境中的各种声音，如狗叫声、喇叭声、自行车铃铛声、门铃声等，并向宝宝一一解释。模仿动物的叫声，鼓励宝宝模仿。

0—2岁是儿童动作发展的关键期。

从满月起，用手推着孩子的脚丫，训练他爬行。

4个月左右在宝宝的小床上空悬挂一些玩具，使双手能够抓到，锻炼他的手眼协调功能。8、9个月的宝宝俯卧时能用双膝支撑着向前爬，可在宝宝6、7个月时就开始设法创造爬的机会，如让宝宝俯卧着，放一两件玩具在他前方，吸引他向前爬，尝试着

去抓取玩具，以促进他动作的发育。

一周岁开始让宝宝跟着音乐的节奏运动，如拍手、摇晃身体、打拍子、做操、跳舞等，感受音乐的节拍和运动的快乐。

在宝宝蹒跚学步时，选择阶梯不高、坡度较小的楼梯让他进行上下楼梯练习，宝宝的兴趣会很浓的。通过精心设计的游戏，如把小球放入小瓶中、把圆圈套在木棍上、抛接球、折纸、画线、搭积木、穿绳、涂色等，促进宝宝手眼的协调性。

2—3岁前是儿童口语发展的关键期。

从宝宝牙牙学语时开始，就可以循序渐进地训练宝宝的语言能力。此时宝宝能注意大人说话的声音、嘴形，开始模仿大人的声音和动作。这时主要是训练宝宝的发音，尽可能使他发音准确，对一些含糊不清的语言要耐心纠正。

在训练宝宝发音及说话时，引导宝宝把语音与具体事物、具体人联系起来，经过多次反复训练，宝宝就能初步了解语言的含义。如宝宝在说"爸爸""妈妈"时，就会自然地把头转向爸爸妈妈；再经过一段时间的训练，有了初步的记忆，看到爸爸妈妈时就能说出"爸爸""妈妈"。利用生活中遇到的各种事物向宝宝提问，如散步时问树叶是什么颜色等，并要求宝宝回答，提高他的语言表达能力。

利用日常生活中和宝宝说话的机会，鼓励宝宝多说话，注意让宝宝用准确的语言表达自己的想法和要求。耐心纠正宝宝表达不完整或不准确的地方。

父母日常生活中的口语，对宝宝有深刻的影响。因此，父母在平时说话时，要努力做到用词准确、吐字清晰、语法规范，让宝宝多接触正确的语言。

4—6岁是儿童学习书面言语的关键期。

可以通过游戏、实物、儿歌、识字卡等教宝宝说话，背诵简单的儿歌及复述简单的故事，通过录音机听录音故事，丰富宝宝的词汇。

设计很多有趣的游戏，如填字比赛、汉字接龙、制作字卡、踩字过河等，让宝宝在游戏中学习汉字。向宝宝解释汉字的字形和结构，引导宝宝精确地感知和辨认每一个字。通过各种练习，让宝宝加深对汉字音、形、意之间联系的了解。

增加儿童使用汉字的机会，如教读绘本故事、写留言、做电话记录等，扩大词汇量。

鼓励儿童对书籍发生兴趣，书籍的选择以绘本为主，内容以儿童喜欢的卡通动物为主，把培养阅读兴趣、阅读习惯放在第一位。

3—5 岁是计数能力发展的关键期。

从 3 岁起，利用日常生活的各种机会，经常数数给宝宝听，如给宝宝糖果时、上下楼梯时。用不同的物品，如手指、积木等，和宝宝一起数数，增加对数字的感性认识。利用生动的形象，教宝宝认识数字符号，如 1 像筷子，2 像鸭子，3 像耳朵等。

设计一些有趣的游戏让宝宝做，如让宝宝从数字卡片中找数字。运用具体实例，教加减法，如用苹果、积木等演示。提供足够的实物材料，让宝宝自己动手，寻找数字间的联系。

调动多种感官学习数学知识。如利用实际的物品产生触觉感受，听声响的次数产生听觉上的印象，利用身体的跳跃次数或拍球的次数形成动作上的感受。教宝宝掌握时间概念，如与孩子讨论一周中的 7 天以及每天的时间，了解今天、明天和昨天，了解月份和季节。所数物品的数量从少到多，富有变化地重复，把抽象的数学知识用具体、生动、形象的形式呈现出来，循序渐进，不让宝宝感到枯燥而失去兴趣。

3—5 岁是音乐能力发展的关键期。

从 3 岁起，选择适合孩子的歌曲、世界名曲、童话故事音乐等，与孩子一起欣赏，同时进行讲解，或向孩子提出问题，激发孩子的想象。选择适合孩子年龄特点的歌曲，教孩子唱。根据孩子的兴趣、特长和其他条件选择孩子喜欢的乐器，先听这个乐器的演奏录音，然后再学习简单的演奏技法，每天引导孩子练习一小会儿。对孩子进行早期音乐能力的培养，一定要从孩子的兴趣和爱好

方式，父母应该根据每一个孩子不同的性格和爱好，选择合适的方法，并注意不断尝试新的方法，尤其要充分利用游戏，通过做游戏教会孩子各种知识和技能。注意及时对孩子的进步进行表扬和强化，不断给孩子成功的愉悦，以使孩子保持学习的兴趣。

出发。音乐能力的早期培养不仅限于开发孩子的音乐天赋，音乐对孩子身心的健康发展也具有不容忽视的作用。

3—8岁是学习第二语言的关键期。

我们把母语之外的语言统称第二语言。3岁起，经常让孩子听一些浅显的、有趣的外语故事。选择一些浅显的、优秀的外语绘本读物。用不同的语言讲同一个故事。利用不同语言做各种游戏，如组词造句、猜谜、编故事等。有条件的父母可以用自己掌握的外语来教孩子，没有条件的可以送孩子上相应的兴趣班或者请专业的家庭老师。

在儿童的智力发展中，遗传是自然前提，环境和教育是条件，其中教育起主导作用。超常儿童虽然有比较好的先天素质，但如果不在关键期给予教育，将达不到他们原本应该达到的水平。所以，关键期对孩子一生智力的发展起着决定性的作用，千万不要错过。而在关键期内施行的教育可以有很多种

儿童智力发展的八大关键期

- **0—4岁** 儿童形象视觉发展的关键期
- **0—3岁** 儿童辨音的关键期
- **0—2岁** 儿童动作发展的关键期
- **2—3岁** 儿童口语发展的关键期
- **4—6岁** 儿童学习书面言语的关键期
- **3—5岁** 计数能力发展的关键期
- **3—5岁** 音乐能力发展的关键期
- **3—8岁** 学习第二语言的关键期

08

儿童成长的三个关键转折期
THREE CRITICAL PERIODS OF CHILDREN'S INTELLECTUAL DEVELOPMENT

作家柳青说：人生的道路很漫长，但关键处只有几步。对于少年儿童来说成长中也有几个关键的时期，父母不可不知，更应该懂得在这些关键期如何引导教育，走好这人生的关键几步。

第一个关键转折期：3岁左右

3岁的孩子第一次有强烈的独立倾向，也就是家长感觉到的"逆反"，他们开始要求"我自己来"。尽管他们会把饭吃得到处都是，把东西弄得乱七八糟，但他们还是要求自己干，而不让家长帮助。这个年龄段孩子给父母的感觉是任性、发脾气、胆小、多动等。首先，家长要认识到这是这个年龄段孩子的特点。其次，不要强迫和压制孩子的独立意识，而要因势利导，训练和培养孩子的独立操作能力，敢于让孩子去试，特别是要允许孩子出错、失败。最后，父母的亲爱和谐是孩子成长最好的氛围，尤其不要因为对孩子的教育方法产生争执，当着孩子的面互相指责。

第二个关键转折期：7岁左右

7岁的孩子结束了自由自在的生活，开始了学校生活。不适应学校生活，上课坐不住，注意力不集中，爱做小动作是这个年龄段孩子的常见表现。他们身上有了一些责任——完成作业，也有了一些压力——成绩的竞争。随着他们社会角色的变化，人们对他们的要求也在变化。对于一年级的孩子来说，学习成绩并不是衡量优劣的标准，关键在注意力、自制力和良好习惯的培养。好习惯大于好成绩，养成了好习惯等于为未来健康成长创造了肥沃的土壤。父母的陪伴是孩子度过转折期最好的方法，陪伴读书，陪伴游戏，陪伴运动，特别是父亲的陪伴，更能带给孩子安全感和战胜困难的力量。让孩子学习自己喜欢的运动，对于培养孩子的意志品质特别是注意力，实践证明是极好的方法。

第三个关键转折期：青春逆反期

女孩13、14岁，男孩14、15岁，大约到了初中二年级，由儿童转少年，开始出现第二性征，属于情窦初开的青春期，也称为"逆反期"。家长们会忽然觉得一向听话的孩子仿佛一夜之间变得固执、爱顶嘴、内向、易冲动等。他们学习上进入初中阶段，课程增多，难度加大，投入学习的注意力却急剧下降。看着这些半大不小的孩子，不管不行，管得太多也不行，该怎么办？大多数家长会束手无策。心理学家把青春期称为第二个"断乳期"和"反抗期"，也就是说他们开始从心理上摆脱对家长的依赖，不再言听计从，而是坚持自己独立的观点，即使对于正确的建议，也会有逆反心理。这个阶段的男孩女孩在情绪上、思想上、自我意识等方面都与小学生有了明显的不同，但与成人相比，还相当不成熟。这些心理变化过程是人类都要经过的，家长们不妨将孩子的现在与自己的当年做个比较，从而制定出相应教育方法。我的建议是：

第一，要学会和孩子交朋友，用平等的民主的方式与他们沟通、相处。比如，孩子有时会提出幼稚的问题或看法，家长不嘲笑讥讽，也不要急于把现成的答案告诉他们，而应鼓励孩子说出自己的看法，要知道敢于表达正是成长的标志，对于成长中的少年来说表达没有对错。我们经常听到家长们训斥孩子"你怎么连这个都不懂"？"天哪！你怎么这么幼稚"？这样只能制止表达，孩子与父母的心理距离越来越远。

第二，家长不要以完美主义的态度对待孩子。大多数家长对孩子要求非常高，经常对孩子说：你应该这样做，应该那样做，但是，不管孩子怎么做，都能挑出毛病，结果孩子变得特别敏感和自卑。父母要有等待孩子成长的耐心，更要有宽容孩子的爱心。孩子成了你的儿子、女儿就是对你最大的贡献，父子母子一场是人世间最大的缘分，其余都是次要。

第三，家长不要对中学生有太多的呵护和包办代替。不少家长觉得孩子学习压力太大，把学习以外的所有事情都包办代替。其实，让孩子做家务，培养他们的自理能力，是培养孩子责任心和独立性的重要途径，也是调剂孩子紧张的学习生活的好办法。

第四，家长要在适当的尺度上约束孩子，不能放任不管，没有惩戒就没有真正的教育，要让孩子懂得任何人必须为所犯的错误付出代价。

我们把上面的三个关键转折期串起来去研究，会发现一个很有意思的问题，那就是：我们的孩子如果在某一个关键转折期的问题没有解决好，将会遗留到下一个阶段去。这样一来，随着孩子年龄增长，他们的问题会越积越多，积重难返，最后极有可能出现早恋、网瘾、离家出走，处理问题极端，人格偏执甚至放弃学业等问题。到那时，家长后悔晚矣。因此，我们的老师和家长要做到防患于未然，就很有必要了解孩子的成长规律，尤其是在孩子成长的几个关键转折期，做到心中有数，科学教育。

WHAT KIND OF CHILD IS A GOOD CHILD?

什么样的孩子
是好孩子？

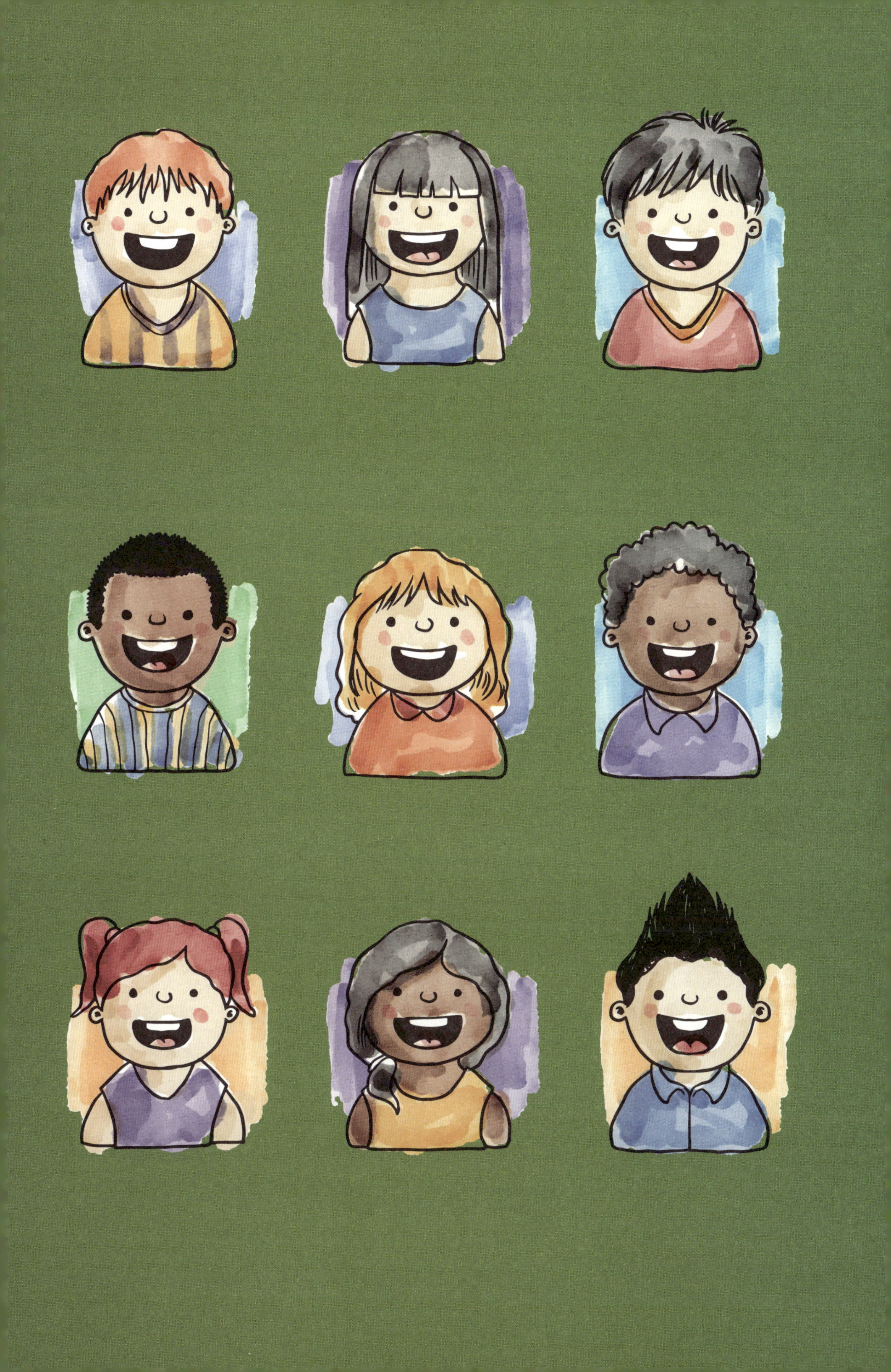

01

情义无价

FRIENDSHIP IS PRICELESS

大多数中国人把孩子当作生活的意义、生活的目的，有的甚至是生活的全部，为了孩子的欢乐幸福成功，父母甘愿付出一切。可是，你的孩子是否明白这一切？是否懂得报答父母对自己无限的爱？如果你倾其一生，耗尽生命培养的是一个不懂感恩无情无义的人，你是否觉得这会是你人生最大的失败？

二十年前，曾有一个很有影响的报道，记者对北京十多所知名高校进行问卷调查，其中一个问题是：你知道父母的生日吗？另一个问题是：你经常给父母写信吗？前一个问题回答"知道"的仅有20%，后一个问题回答"不写"的高达93%。其中有一位清华大学二年级的学生给远在呼和浩特钢铁厂的父母写了一封世界上最简短的信："？？"，其意是质问父母为什么两个月不寄钱？笔者当时是一所子弟学校的校长，这则报道对我刺激很大。从此，每学期开学国旗下校长致辞，我的主题都是"孝心献给父母"。我告诉我所有的学生，如果不孝敬父母，无论你再富再贵老师都不会以你为荣；如果你懂得报答父母，再贫再贱也是老师的挚爱，教育的成功。因为校长有一个无法更改的信念：爱父母是百德之首，一个人连父母都不爱，还能指望他爱什么？爱父母是爱他人、爱生活、爱社会的前提，也是一个人成为好人的道德基础。

前些年媒体曾经报道了一个名叫徐力的高中生弑母的恶性事件。徐力弑母是一个极其偶然的突发事件，大千世界有一、两件匪夷所思的事也不足为奇。让我震撼的是徐力杀死自己的母亲后的冷静与从容，这种冷静，这种从容，这种无动于衷，是野兽才有的！人与野兽的最大区别就是情义，父母培养了一个没有情义的人，无异于培养了一只野兽，这只野兽早晚会把父母的心撕扯的鲜血淋漓。

我曾经接触过不少行为不良的青少年，他们打架、斗殴、偷盗、吸毒、网瘾等，这些人的共性是极度自私。他们根本不懂得珍惜父母的爱心，更不会怜惜他们的行为给父母造成的伤痛。面对父母的哭诉、哀求，他们与徐力一样无动于衷。因此，我坚信一个孝顺父母的孩子是不会走上犯罪道路的。

在我的记忆里铭记着一个学生的名字：马小云。每逢周六日，路过大柳塔矿区文体中心，我总会看到一个女孩守在街边的冰柜前卖冰棍，每次看见我，她总是深深的低下头。我了解到这是我校初一（2）班的学生，叫马小云，父亲是工人，母亲没有工作，家庭比较困难。知道了这些情况，也是在一个周日，我专门走到她的冰柜前，买了冰棍，对她说："你是校长心目中最好的学生，你回去告诉你的爸爸妈妈，说我十分羡慕他们有你这么孝顺的好女儿！"一个女中学生，坐在街边守摊，面对的大多是熟识的老师同学，所有的勇气都来自对父母的爱。这样的孩子，无论她学习好坏，出息大小，她都是一个好孩子，将来也一定是一个好人，好公民。

年轻的父母，请你记住我的衷告：无论你想要教育孩子成为怎样的人，首先是教育孩子成为有情有义的人。情义教育最有效的是您的身教，您对人的态度，特别是家庭中您对长辈的言行。

放学回家了，不要忘了告诉孩子，给家里的长辈问好。有好吃的了，告诉孩子给爷爷奶奶、姥姥姥爷送去一份。给父母长辈端一杯水、洗一个苹果成为习惯。看电视时，告诉孩子，把最好的位置让给长辈，尤其是不能和爷爷奶奶抢节目。临睡时，告诉孩子去给爷爷奶奶铺床，等等。为他人做的细小琐碎的小事是孕育情谊的土壤。

千万不要小看这些细微的琐碎的小事，正是这些小事，润物无声，在孩子的心田播种下爱的种子，让情义之树滋长的枝繁叶茂。一个有情义有孝心的孩子，不仅是你的宝贝，也是人人喜爱的"宝贝"，更是国家和民族的"宝贝"！

02 健康人
HEALTHY PEOPLE

健康的身体是一个人正常学习工作生活的前提，更是幸福快乐的前提。说到底，财富、地位、权力、荣誉是靠身体享受的，有人说健康是1，后边的都是0，没有健康一切都归0，这让人印象深刻。苏联伟大的教育家苏霍姆林斯基说："良好的健康和充沛的精力，这是朝气蓬勃感知世界、焕发乐观精神、具有战胜一切艰难险阻的意志的一个极重要的源泉。"每一个准备成为父母的人，都应该学习基本的生理卫生常识、营养保健知识，家庭有健康生活的氛围，孩子有健康生活的理念。生命在于运动，从能够运动开始，家长就要教给孩子一项终身受益的运动技能，从实际条件和孩子的兴趣爱好出发，这项运动既能健身又能娱乐还能交友，伴随终身。当下的学校教育，把体育视为副科，俗称"小三门"，严重忽视了体育在教育中的地位与作用。前辈教育家蔡元培先生说"完全人格，首在体育"，把体育列智育、德育、美育之前仔细想来，健康的体魄，战胜困难的意志，赢取对手的智慧，承受失败的心胸，为胜利者喝彩的大度，团队合作等良好品德，都可以在体育特别是体育竞赛中获得。健康的生活方式，健康的生活习惯也是健康的重要组成，饮食有节，起居有时，动静结合，张弛有度我们称为健康的生活方式。

心理疾病已经成为现代人的大敌，年轻人抑郁、自杀屡见不鲜。心理疾病高发的原因复杂多样，但作为教育工作者，笔者认为与下列三条一定有关：一是应试教育剥夺了丰富多彩的童年。应试模式把学校教育简化为上课、写作业、考试。而上课写作业实际上也是为了考试，所以考试得高分成了教育的全部，成了孩子生活的全部。二是家庭教育剥夺了孩子自由发展的空间。为了考高分，家长为孩子报各种各样的补习班，从校门到家门，上课就是写作业。即使像体音美这样的才艺学习，既不尊重孩子的爱好，又不考虑孩子的特长，一味要出人头地，把鲜活的学习变成令人恐怖的魔鬼集中营式的训练。三是价值导向单一偏执。考高分，上名校，是评价孩子好坏的唯一标准。上述三条导致青少年的生活枯燥、单调、乏味，让人了无生趣，充满压抑。由压抑生苦闷，由苦闷生抑郁，心理疾病由此产生。笔者始终主张，教育的终极目标是培养幸福生活的人，但是，今天的教育从家庭、学校到社会，背离这个目标太远。"解放他的头脑，使他能想；解放他的双手，使他能干；解放他的眼睛，使他能看；解放他的嘴，使他能谈；解放他的空间，使他能到大自然大社会里去取得更丰富的学问；解放他的时间，不把他的功课表填满，不逼迫他赶考，不和家长联合起来在功课上夹攻，要给他一些空闲时间消化所学，并且学一点他自己渴望学的学问，干一点他自己高兴干的事情"。这是陶行知先生七十年前提出的六大解放教育思想，可是"解放"这两个字我们远远没有做到，若能做到，教育回归本质有望，青少年心理健康保障有望。

教育在人的生命、生存、生活中具有三重意义，任何一重都离不开健康，没有健康，生命、生存、生活都没有意义。所以，一个好孩子首先应该是一个健康的孩子，身体健康、心理健康。

03
文明人
CIVILIZED MAN

关于什么样的孩子是好孩子，热情的网友提出许多好孩子必须具备的特质，其中品行好、善良、有礼貌最多被大家提到，我把具有这些特质的孩子称为文明人。关于文明人，网上流传著名作家梁晓声说的四句话，公认为文明人的标准定义：为他人着想的善良，根植于内心的修养，约束为前提的自由，无需提醒的自觉。不错，为他人着想，是尊重人、理解人的前提，是一个人成为另一个人知己的前提，没有为他人着想，不会有感同身受，不会有同情悲悯，不会有守望相助，更不会有对人无私的爱。善良的人总是首先为他人着想。善良的人，也是有人性的人。美国有一位校长叫吉诺特，是第二次世界大战纳粹集中营的一名幸存者，他说"只有孩子具有人性的情况下，读书写字算术的能力才有价值"。因为他在集中营看到学有专长的工程师建造了毒气室，训练有素的医师杀害了妇女儿童。知识掌握在没有人性的人手中危害更大，苏丹红、三聚氰胺、膨胀剂、假酒假药都是有知识的人"发明创造"的。人类传承文明的目的其实就是在人间普及爱与善良，有爱的地方才是天堂，有爱的地方人类才能幸福生活，没有人类集体的幸福，个人的幸福终究很脆弱。根植于内心的修养说的是：无须装扮不用刻意，为老人让座，为女人让路，向孩子施爱，尊卑有别，长幼有序。按规则做事，按角色做人，取舍得当，进退有度，书卷气，长者风，慈爱相，有你的地方如沐春风如浴朝阳。约束为前提的自由告诉人们：自由是人类不懈的美好追求与向往，但是世界上没有不受约束不守规则的绝对自由。你有在马路上行车的自由，但必须是在遵守交通规则的前提下，你有大声说话的自由，但不能是公共场合，你有唱歌跳舞的自由，但不能影响邻居的休息，自己的自由要尊重别人的自由，保障别人的自由，否则，你生活的世界就成为群魔乱舞的自由地狱。苏霍姆林斯基说"如果一个人不懂得节制自己的欲望，不善于摆正自己的欲望和别人的利益之间的关系，他就永远不会是个好公民。应当使一个人从小就意识到并懂得必须在某些方面克制自己的激情和欲望"。他应有无需提醒的自觉："窗口"前自觉排队，进会场关掉手机，进别人屋轻叩门扉，公共场所不乱扔垃圾，这些都是一个文明人应有的常识，无论是群聚还是独处都要严以自律无需提醒。由此可见，文明人也就是中国传统文化所称的君子，君子是做人的最高境界，一个孩子被称为君子当然是好孩子。

怎样才能让孩子成为文明人？梁晓声在说这四句话之前，讲过一个故事，一次在法国，他跟两个老作家一同到郊区，那天下着雨，前面有一辆旅行车，车上坐着俩个漂亮的法国女孩，不停地从后面看他们的旅行车。前车车轮扬起的泥土扑向她们的车窗，车窗被弄得很脏。他们的车想超过，但路很窄。他问司机："能超吗？"司机说："在这样的路上超车是不礼貌的。"正说着，前面的车停了下来，下来一位先生，先对司机说了点什么，然后让自己的车靠边让路，让他们先过。梁晓声问司机："他刚才跟你说什么了？"司机转述了那位司机的话："一路上，我们的车始终在前面，这不公平！车上还有两个女儿，她们在看着我。"父母是孩子的样子，孩子是父母的影子，你想让孩子成为怎样的人，你自己首先就要成为这样的人。爸爸妈妈，无论你干什么说什么，不要忘记，孩子在看着我们。托尔斯泰说："全部教育，或者说千分之九百九十九的教育都归结到标杆作用上，归结到家长自己的端正和完善上。"榜样的力量是无穷的！

教育的终极目标是培养幸福生活的人，一个人是否生活的幸福，环境十分重要，而人是最重要的环境，好山好水不如有好人。你是我的环境，我是你的环境，人和人互为环境。我的一位学生留学美国三年，总说美国比中国文明。她列举了大量事例，我总结了一句话：她在美国生活不生气。不生气的生活不就是幸福的生活吗？我们的教育培养了无数的大学生、研究生、博士生，也培养了无数让我们生气的人，他们有文凭，但严格的说，他们并不是文明人，文明人有爱心善心，有修养懂礼貌，讲义气守信誉。把孩子培养成文明人是教育最大的成功，因为文明人才能成为幸福生活的人。

04

智慧人

A MAN OF WISDOM

一个人从开始接受教育的那一刻起，教育有一个最基本的任务就是让人变得越来越聪明，理解了这一点，就理解了为什么所有的人都要学数学，而且从加减法一直学到微积分。事实上，学校教育的所有课程包括体育、美术、音乐都有让人的头脑变得聪明的任务。但是，聪明不等于智慧，聪明是智慧的基础，智慧是聪明的高级形态，由聪明到智慧的条件很多很复杂，但有二条必须具备，一是科学的头脑，二是辩证的思维。前辈科学家任鸿隽说，科学的头脑有四个特征：注重事实，重视因果，精密准确，力求透彻。一个人有了科学的头脑就不会迷信。一个再聪明的人，一旦迷信，就不会对世界对社会对人生有正确的认识，换句话说，一个相信世界上有鬼的人，一定会做糊涂事。用变戏法糊弄人的"大师"王林，骗了众多的影视明星党政官员，其中不乏聪明绝顶的人，是迷信让他们看不清事实，忘记常识。连常识都失去了，何谈认识水平？更别说智慧。所以，养成科学的思维，具备科学的头脑，是一个聪明人成为智慧人的前提。再说辩证思维，有辩证思维的人一是能全面的客观的辩证的看待问题，二是能发展的变化的看待问题，前者使人不偏见，后者使人不短见。科学头脑、辩证思维是成为智慧人的必要条件，真正成为一个智慧人还有很长的路。而科学头脑辩证思维是教育的任务，当然也是家庭教育的重要任务。培养一个人最终成为有智慧的人，他可以做到不仅明辨是非好坏，还能看出是中有非，非中有是，好中有坏，坏中有好。不仅能由因导果，还能看出一因多果，一果多因。不仅能趋利避害，还能变害为利逢凶化吉。智慧的人思考问题，是立体的全方位的，既看事物的正面反面还看里面，既看上中下还看左中右。既能够正确认识自己，还能正确认识自己与他人，自己与环境，自己与世界的关系。英国近代哲学家、教育家洛克（J.Locke）说"我对智慧的解释和一般流行的解释是一样的，它使得一个人能干并有远见，能很好地处理他的事物，并对事物专心致志"。在中国人的词典里，世事洞明是智慧，审时度势是智慧，包容宽容是智慧，中庸之道是智慧。智慧，是做人的最高境界。

怎样才能成为有智慧的人？这当然是一条漫漫长路，但只要目标明确，就不怕路途遥远。起点上，我们先重视以下几点吧。一是父母要有科学的头脑、辩证思维。做事想问题注重事实，重视因果，精密准确，力求透彻，看待人和事不偏见不短见，不说过激的话。二是要解放孩子的头脑。生活中鼓励孩子胡思乱想，呵护孩子的好奇心，耐心解答孩子的任何问题。逐步引导孩子有目标的想象，有中心的联想，有意义的提问，有深度的思考，有方法的探究。三是要培养孩子阅读的浓厚兴趣，使阅读成为习惯。中小学阶段的阅读要博采杂收，广泛涉猎，使孩子能够在课堂课本之外吸收到丰富的营养，奠定坚实的知识基础。培根说："读史使人明智，读诗使人灵秀，数学使人周密，科学使人深刻，伦理学使人庄重，逻辑修辞使人善辩，凡有所学，皆成性格。"四是要解放孩子的双手，培养孩子善于动手的习惯与能力。著名教育家苏霍姆林斯基说："儿童的智慧在手指尖上"。唐朝诗人陆游在教育儿子的诗中也写道："纸上得来终觉浅，绝知此事要躬行。"可见动手实践的重要性。五是要要解放孩子的空间、时间，使孩子能够到大自然大社会长知识开眼见，行万里路，读万卷书。夕阳芳草寻常物，解用都是绝妙辞。六是在中国传统文化中汲取智慧。《易经》《道德经》《论语》等国学典籍，既有做人的君子之道，也有做事的中庸之道，更有思维的辩证之道，仔细分析古今中外每一个有智慧的人，一定符合大道，不离正道。

05

自尊自信

SELF-ESTEEM AND SELF-CONFIDENCE

人无自信，百事不成。自信是最佳的心理素质，是一个人赖以生存和发展的原始动力。自信心的强弱决定成就的大小，自信是人的能力的催化剂，将人的一切潜能调动起来，激发人的勇气、智慧和能力。自信的人不畏困难，敢于挑战，善于创新，勇于开拓。自信，是成功的第一秘诀。自信，是人类最有魅力的气质。

自信首先来自自尊。自信的人，相信自己，爱自己，内心有尊严。内心有尊严是自信的前提。苏霍姆林斯基说"人类有好多高尚的品格，但有一种品格是人性的顶峰，这就是人的自尊心"。所谓自尊心，就是对自我有积极的评价和期望，也就是看得起自己。自卑是自尊自信的反面，维护自尊从防止自卑做起。一个人产生自卑的原因很多，客观上讲，家庭教育不当是产生自卑的主要原因。父母有意无意甚至是亲昵的负面语言都会给孩子的心里埋下自卑的种子，比如年轻的爸爸妈妈经常说的"笨蛋"：教的话孩子不会说，"笨蛋"，教的动作不会做，"笨蛋"，不小心碰倒东西，"笨蛋"，上学了作业有错，"笨蛋"，考试没得一百分，"笨蛋"，等等。诸如此类的负面评价，会给孩子的心灵蒙上不聪明不可爱的阴影。从主观上讲，不切实际的追求完美，总喜欢和别人比较，先天缺陷，是导致自卑的主要原因。所以，父母要有尊重孩子的理念与意识，只有被尊重，才有自尊，也才会尊重别人。特别是儿童幼年期，自尊意识处于稚嫩状态，特别容易受到伤害，父母要小心翼翼地呵护孩子的自尊心。一些传统的教子经验，也要批判的吸收，比如"成绩不说跑不了，问题不说不得了"，对成人也许是真理，对儿童则不然，这样的理念与做法，是伤害自尊消磨自信的主要原因。

自信来自信任。父母相信孩子，总是给予孩子积极的正面的评价，善于发现孩子的闪光点，用欣赏的目光看待孩子的每一点努力，每一点进步。每当要责备孩子的时候，在心里暗暗提醒自己：我是不是用成人的标准要求孩子了？我是不是在求全责备？抱怨是伤害孩子的利器。特别是在孩子做错事的时候，更要相信孩子有能力达到自己所期望的目标。相信不仅仅存在于语言和理念，更要体现在行动中。通常的情况是，孩子跟在妈妈的身后叫道："我要浇花""我要洗手绢""我要洗碗"，妈妈总是说"就你？

玩去吧，不要添乱！"就是这样不经意的不信任，温水煮青蛙似的，慢慢地降低了孩子自我能力的评价，"我不行"成了自然而然的结论。让孩子自己去做，父母才有机会培养能力，有机会赏识，有机会表扬，有机会说"你能行"！孩子也才能有机会享受做成功的愉悦，在成功中树立自信。

　　自信来自对自己优势的确认。自卑消极的人有一个共同的内心语言："我干什么都不行！"所以，父母一定要努力为孩子培养一项"我能行"的独特才能，培养这项才能成为特长，在孩子的同龄人中具有独特的优势，凭借这项优势显摆，赢得赞扬，享受成功的快乐，获得积极的自我评价。选择要培养的特长必须符合三个条件：孩子有这方面的潜力，有学习这项技能的兴趣，生活的环境有学习的条件。唱歌、跳舞、运动、乐器演奏、书法，算得快、记得准，甚至一些别出心裁的技能，只要有利于增长才艺，有利于开发智力，有利于康体健身都行。通过培养这项特长，还可以让孩子获得这样的经验：既然我学这个能行，那么我学什么也能行，把学习这项特长行之有效的方法，"迁移"到其他的学习领域。相信每一个孩子都有自己独特的优势，自尊自信来自对自己优势的确认，以及随之而来的对自我价值的肯定。确认自己的优势，是人的精神生长点。家长，特别是教育工作者要独具慧眼，发现发掘孩子的潜在优势，把优势作为重要的精神生长点，培育儿童至为可贵的自信心。

　　自信但不自负，更不能自傲。梁启超说"自信者常沉着，而骄傲者常浮扬"。肯定努力的过程，不张扬结果，赏识方法，不迷恋名次，褒奖远大理想，不沾沾自喜于一时一事的成就，是既树立自信又防止自傲的关键。

06 自立自强
SELF-RELIANCE

　　自立是一个人行走在世界上的根基，你无法想象一个六神无主、懦弱依赖的人能做什么，能走多远。有主见，有自信，能独当，是一个有能力的人最基本的特征。看看古今中外各个领域的"强人"，哪一个不是从自立走向自强。我有一个念念不忘的观点：教学的最高境界是自学，教育的最高境界是自育，纪律的最高境界是自律，做人的最高境界是自觉。看官注意：核心理念是"自"。从来没有什么神仙皇帝，一切都要靠自己。中国人都知道一句话：三十而立，殊不知三十立必须从三岁开始培养。

　　自立从自己的事自己做开始。陶行知先生说："滴自己的汗，吃自己的饭，自己的事自己干。"说的就是要树立孩子的自立意识，凡是与"自己"有关的事情，都要由自己来做。而中国人爱孩子体现在为孩子包办一切，我们都非常熟悉这样的场景：追着孩子喂饭，蹲在地上为孩子系鞋带，陪在旁边做作业，为孩子铺床叠被洗衣服，背着孩子的书包陪上学陪辅导，陪玩等。2016年夏天，笔者去了一趟夏威夷，一路上多次看到美国的孩子跟着父母旅游，不是自己背着小旅行包就是拉着小旅行箱，有的孩子比旅行箱也高不了多少。想想中国的孩子，大人大包小包，孩子两手空空，跟在父母身后活似监工。更可怕的是中国孩子长大了，父母还要包办思想，包办婚姻。你包办一切，别说自立，他连自我都失去了。你为什么要包办本该由孩子自己做的事？笔者用这个问题问无数的家长，答案惊人的一致：一怕做不好，二是不由自主。用成人的标准衡量，孩子做的每一件事肯定不好，比如洗脸会把水洒一地，穿鞋会左右反。但是，不亲自做，他怎么会知道做一件事会有好坏对错之分，又怎么会知道如何做才能做对，尝试、失败的过程就是成长的过程，就是走向自立成熟的过程。更重要的是，孩子在做自己的事的过程中逐渐培养了独立思维的能力，建立起由因导果的逻辑关系，做事的过程就是让人聪明的过程。把包办孩子的事当作对孩子的爱是中国父母最糊涂的爱，懒惰、懦弱、自私、依赖、无主见这些人格中的负面特点基本源于父母对孩子的包办。

　　有胆大的父母才会有自立的孩子。怕字当头是中国父母"包办"的思想根源，凡是让孩子自己做的事都有可能闯祸。仔细想想，如果父母不能包办一切，包办一生，总有一天自己的事要自己去做，不会做，不自立才是致祸的根源。我的二女儿十一岁时，参加在西安举办的全国小学生乒乓球邀请赛，别的队员都有家长陪同，只有我女儿独自参加。比赛结束，又一个人坐火车回到神木老家，同车厢的旅客看这个小姑娘独自一个人，都非常吃惊。还有旅客感慨，不是孩子不行，是我们大人胆小。女儿大学本科考到美国伊利诺伊大学香槟分校，到达的那天偏偏接的人发生状况，当地时间深夜两点，没有手机，没有熟人，没有出租车，带着三个旅行箱。我女儿拦住一个夜间跑步的人帮忙把她送到学校。如果没有从小自立自强的培养锻炼，遇到这样的特殊情况，一个十几岁的女孩子，只能哭天抢地，听天由命。人生不知有多少选择、多少决定需一个人独自面对，可以说，一个人能力大小，能担当多大的责任，与自立能力息息相关，无自立何谈自强。

解难题闯难关是走向自立的必由之路。做父母的都有一个共同的心愿：把最好的东西给孩子。什么是最好的东西？笔者认为是：生存能力。学业问题、人际问题、情感问题、发展问题都是人的生存问题，没有生存能力如何正确解决这一系列问题，而自立是生存的前提。培养孩子的自立能力，父母要有一颗"狠心"，孩子遇到难题，不要首先想着包办代替，狠着心让他自己去解决，遇到难关，狠着心看他自己去闯。要知道孩子有无穷的生存潜力，一旦知道无人可依赖，潜力就会爆发出来，结果往往出人意料。即使失败了又能怎样？孩子的失败没有代价，只有收获。著名教育家陈鹤琴先生说"做母亲最好只有一只手"，意思是说，母亲不要包办代替孩子的一切，有些事应该让孩子自己做。我的家乡有一句俗语叫"懒娘出乖儿"，让孩子从小分担父母的家务是培养好孩子的一个重要途径。有些教子有方的家长，为了培养孩子的自立能力，有意让孩子去打工"受苦"，独自去旅行，参加公益活动、生存训练营等。总之，给孩子时间、空间、机会和自由，培养孩子具有独立选择、独立决定的能力，特别是具有承担自己选择结果的能力。

自立不排斥合作，不排斥集思广益，善于合作，善于博采众长，才能从自立走向自强。

07 与书为伴
ACCOMPANY WITH BOOKS

　　现在有很多大学生，你不能称他为读书人，因为他根本不读教材以外的书，也不喜欢读书。他们喜欢阅读手机，无论什么场合都读，被称为"低头族"。在手机网上浏览"八卦新闻"，在"朋友圈"扯淡。之所以戴上大学生的帽子，是因为在"上课—作业—考试"这个应试模式中，他们是成功者；在应试选拔中，他们是胜出者。这样的人还会成为研究生、博士生，但他的贫乏、平庸、甚至低俗不会因为学历的提升而改变。也许是偏见，我固执地认为一个人精神世界的高贵，内心情感的丰富，思想认识的深邃，风度气质的优雅，必须靠读书获得，所谓才子自风流，腹有诗书气自华。一个人无论身处何地，只要打开书本，就可以跨越时空聆听古今中外智者的箴言，和他们促膝交谈。正如高尔基说的："读书，这个我们习以为常的平凡过程，实际上是人的心灵和上下古今一切民族的伟大智慧相结合的过程。"个人的生活范围极其有限，但读书可以带你走入广阔的世界，获取无穷无尽的间接体验，使生命、生存、生活变得更加丰富多彩、乐趣无穷。书中不仅仅只有黄金屋、颜如玉，还有与生命相伴的广阔天地大千世界。读书，是滋润生命健康成长最好的营养。与书为伴，就是与智者为伴，与知识为伴，与天地为伴，与崇高为伴。当代著名教育家朱永新说"一个人的精神发育史就是他的阅读史，一个民族的精神境界，取决于她有多少人把书本装在心房"。所以，让读书成为孩子一生的习惯，成为生活方式，是父母赠给孩子最好的礼物。

　　读多少？读书习惯养成之前，应该有量的要求，习惯一旦养成，读多少因人而异，无法量化。一般来说，中小学是养成读书习惯的黄金时期。上海市要求义务教育阶段（1～9年级）完成4000万字，按每本大约10万字计，约400本书，平均一年45本，接近一周一本，是一个比较高的要求。美国的全民读书计划是每年50本，阅读者包括全体能够阅读的公民。犹太人是世界上读书最多的民族，平均每人每年64本。教育家李希贵提出中小学阶段500万～1000万字的课外阅读量，比较符合中国国情，特别是贴近中小学生的实际，在应试教育普遍化的情况下，过高的要求也实现不了。我的主张是义务教育阶段阅读1000万字是下限，坚持一个月读一本书，基本上一个好的阅读习惯就养成了。

怎么读？古人读书大体分三个阶段：5—15岁诵读，不求理解只求记忆；15—25岁称"贯通"，读书要打通知识的内在联系；25—35岁叫"涉猎"，阅读要广泛博览。时代不同要求自然不同，但基本精神相同。第一个阶段我称之为兴趣性阅读，第二个阶段为专业性精读，第三阶段为广泛性博览。篇幅所限，本文只说第一阶段。我个人认为在读书的最初阶段培养兴趣与阅读习惯比选择内容更重要。第一，要孩子爱上读书。我的女儿在3岁的时候，就开始在录放机里听故事，每天听，到识字的时候，已经听了几百个中外的故事，几乎所有的故事她都可以从头到尾复述。我们告诉她这些有趣的故事写在书里，识字后她就迫不及待的去读这些书。家长一定要降低阅读的起始期望，不附带任何功利心，不强调读书的重要性，不夸耀孩子爱读书。让孩子读自己喜欢读的书，自然而然地觉得读书是自己愿意的独立的独享的快乐。第二，要为孩子创设趣味横生的读书环境，在家里为孩子设一个私密温馨充满童趣的"小书房"，孩子一有空就愿意在自己的小书房读书。第三，固定读书的时间。晨诵，午读，晚睡前，长期坚持，形成习惯。第四，建立家庭"共读"环境。要求孩子读的书父母一起读，在家里显眼的墙上设读书进度"小红旗"，旗上写要读的书名，读过就用彩笔涂成红色，未读的是白色，培养阅读的成就感。共同阅读，就有了共同的故事，共同的人物，共同的话题。而且，父母喜欢阅读，孩子自会好奇父母手里捧着的书里一定有无穷的乐趣，他也要走入这个神奇的世界。第五，要以孩子的视角与兴趣选择读物，不要把大人的兴趣爱好强加给孩子。在书店里，我经常会注意到这样的情况，孩子选中某一本书，大人会说：看这个没有用，不买。基于孩子的生活和兴趣，他才会读，喜欢读，也才能读了有收获。另外，不要因为读书，免除孩子自己应该承担的责任，比如收拾自己的房间、学习用具以及承担必要的家务劳动，告诉孩子读书是你自己的享受，而非完成父母交给的任务。我想重复强调：阅读的兴趣与习惯远比阅读的内容更重要，这也是我这篇文章不讲"读什么"的原因。

08

向上向善
POSITIVE AND KIND

有人说，你说了那么多好孩子的标准，居然没有说品德。其实，我的每一条标准都在说品德，包括与书为伴。一个人的品德不是抽象的，它体现在一言一行、做人做事之中。品德其实就是选择。好吧，今天我说一个与品德关系最密切的标准：向上向善。习近平总书记2013年"五四"在北大对青年学生说"让我们每个人都为民族和国家注入向上、向善、向美的力量"。听到这句话，内心涌起一阵激动的浪潮！向上向善是我一生从事教育的理念，从做父亲到做教师，从做教师到做校长，我始终秉承这个理念，践行这个理念。向上向善，是一个人成为好人的前提，是进入道德花园的入口，是攀上道德高峰的第一步。引导孩子向上向善，必然走上有道德、讲道德、尊道德的正道。凡是品行高尚高洁的人，一定是向上向善的人。东汉许慎《说文解字》关于"教""育"的解释是："教，上所施下所效也；育，养子使作善也。"告诉我们教育就是教人做人，励人向上，使人为善。

向善，就是向往善，靠近善，遵从善。善即美好，与恶相对。一个人内心有善，就能够为他人着想，感同身受，理解宽容博爱，善是人的心田里生长出的最美丽最动人的花朵。我永远忘不了幼年时，常常看见母亲把衣衫褴褛的乞丐延揽进家，用自己的碗盛饭，双手捧给他。这一幕，这一举动，善的种子就深深植入我幼小的心田。有一次我在网上偶尔点开一个视频，是一群孩子在殴打一个孩子，看得我心颤栗不止，无法卒看。震惊中美的洛杉矶地区中国留学生暴力群殴一名女留学生刘某的事件，整个酷刑持续五个小时，采用扒光衣服、用烟头烫伤乳头、强迫其吃沙子、剃掉头发逼她吃掉等，这是十四个人围殴折磨一个小女孩啊！参与的人但凡内心有一点点善良，能做出这样禽兽不如的事吗？这样的禽兽是我们自己培养的，他们不仅把别人撕咬的鲜血淋漓，终有一天也会把父母的心撕扯的鲜血淋漓。无论是家庭教育还是学校教育确实应该从这样的恶性事件中深刻反思，教育在哪里出了问题。

最小的善行胜过最大的善念。培养向善从小事做起，为贫困地区的儿童捐一件衣服，为灾区捐献上自己的零花钱，去福利院做一天义工，给街边的流浪者送去一块钱，扶年迈的老人过马路，给生病的父母端去一碗水，与小朋友分享自己的玩具、食品，给跌倒的小伙伴擦去泪水，等等，继而培养孩子的大善大爱，爱护一草一木，爱护与人类共生共存的动物，敬畏生命，爱护生命。父母要鼓励孩子的善行，肯定孩子的善念，为孩子寻找行善的机会。只有播种下善良的种子才能生长出善之花。

中华民族的传统文化是滋养善念的沃土。善，是中华民族的传统美德，崇德向善之风始终滋养着中华民族的精神世界。从小诵读国学经典，引导儿童注重修身养性，使向善成为融入灵魂的价值观。给孩子讲行善积德的故事，形成好人首先是一个善良的人这样的理念，让善有善报恶有恶报这样有积极意义的因果文化根植于心。

向上，就是上进、进取，奋发向上，建功立业，一心靠自己的努力改变命运换取成功，所谓"君子自强不息"。一个人形成向上的意志和信念，就会保持对奋斗目标的持续激情及持久耐力。一个向上的人，必然是内心有理想的人，充满阳光的人，洋溢正能量的人。培养孩子向上的性格，一是从古今中外优秀人物的成长故事中汲取营养，树立榜样。二是培养儿童做事专注有恒、有始有终。三是要培养孩子忍受挫折的心理。不仅教会孩子跑得快，还要教会孩子摔倒后怎么尽快站起来继续跑。四是培养孩子乐观自信，相信阳光总在风雨后。最终形成自我激励、自我约束、自我调整和永不言弃的性格。奋发向上，百折不挠，是中华民族的集体人格，就是靠这样的精神我们的民族战胜艰难险阻，走出苦难，走出黑暗，走向光明，走向辉煌。

向上向善，向善是人的品德，向上是人的精神力量。向善不向上，是好人但不是能人；向上不向善会成为能人但不一定是好人。只有向上向善，才是品学兼优德才兼备，既是好人又是能人。向上向善，也是一种生活态度、生存状态，这样的人也许没有达到世俗意义的成功，但他享受了生命成长过程中的奋斗、大爱、宽容、施舍，收获了奋斗者的充实，收获了奉献者的快乐，彰显了人性的真善美，这样的孩子当然是好孩子，这样的人当然是好人。

09 善良是人格的底色

KINDNESS IS THE BASE OF PERSONALITY

生活中，无论以什么方式触碰"善良"，我总会被打动，有时老泪横流，惊诧自己还拥有对善的敏感。细细想来，我对一个人的好感，几乎全部来自他是否拥有一颗善良的心，与丑俊、贫富、尊卑甚至性格无关。

我看《红楼梦》，给我印象最深的故事是贾母去清虚观打醮，那个被"大阵仗"吓得乱撞的小道士被王熙凤打了两个耳光，众人皆喝"拿拿拿，打打打！"唯独贾母听到后叫众人住手，说"小门小户的孩子，哪里见着这势派，可怜见的，倘或一时唬着了他，他老子娘岂不疼得慌？"还让贾珍给了钱买果子吃。贾母的胸膛里跳动着一颗善良的心，不仅心疼孩子还同情孩子的父母。我第一次看《红楼梦》，字认不全，不要说鉴赏，好坏人区分尚有困难。但贾母这个人我是毫不犹豫地归入了好人行列。有"中国首善"之称的企业家陈光标小时候家里特别穷，为了分担家里的贫苦，他挑着水到几里之外的集镇上去卖。"卖水啦，卖水啦，1分钱随便喝！"尽管使出浑身力气吆喝，也极少有人来买他的水。有一天，一个陌生人走到了水桶前，他摸出2毛钱来，给了小光标，说："孩子，我买水。"但只是象征性地喝了三两口，然后，留下一个微笑，走了。当时的2毛钱，对小光标来说，不啻于一个天文数字。他紧紧地攥住了2毛钱，激动地望着那个永生难忘的背影。正是这2毛钱，一个温暖的微笑，在小光标的心田种下善良的种子，最终长成了善行天下的参天大树。

什么是善良？为他人着想，换位思考，感同身受，理解人、同情人、怜悯人。善良是人格的底色，是一个人成为好人的前提，是进入道德花园的入口。善良不是知识，不能靠讲解、传授、训练获得，善良是情感、态度、价值观，要靠榜样的力量，要靠润物无声，要靠"一个灵魂去唤醒另一个灵魂"。

家庭是播种善良最好的苗圃。我的母亲一生最需要别人的帮助，但她总是在帮助别人。村子里经常有小孩子生病，母亲有养育六个孩子的经验，脑子里记着无数的小偏方，谁家孩子有病，只要人家求到门上，不管忙闲，不管迟早，母亲有求必应，治不了病，也陪着人家心焦。别人家修窑打地基或者是此类需要人手的大事，不用人家来求，主动打发我们兄弟去帮忙。我的记忆里母亲总要把上门乞讨的乞丐延揽进家门，尤其是寒冷的冬天，一定会用自家的饭碗盛上热腾腾的饭菜端给乞讨的人，不管这个人是老是少，是男是女，也不管这个人是衣衫褴褛还是臭气扑鼻。母亲的行为，无声地告诉我，要理解、同情、怜悯处于困境中的人。苏霍姆林斯基说："我一眼就能认出这样的孩子：他的父母相爱，家庭和睦。在这样的家庭成长的孩子善良、宁静、乐观、健康，眼神中饱含对人的信任，对善良和美好事物的敏感。"王宝强是一位我喜爱的电影演员，婚姻有变故很正常，城市离婚率已经超过30%，他们只不过是30%中的其中之一罢了。我反对的是，他把与妻子的矛盾在网上公开，无限放大隐私，他有没有考虑这样做对两个可爱的儿女会有怎样的影响？等他们长大了懂事了怎么面对自己的母亲？以至于怎么面对这个社会？我尊敬那些虽然感情破裂，但是为了孩子和平分手的夫妇，特别是克服种种困难，想方设法给予孩子父爱母爱的夫妇，这种在孩子身上体现的善良，对于孩子成长为一个善良的

人至关重要。

　　学校是培育善良的沃土。魏巍《我的老师》这篇课文学过有四十多年了，其他的内容都忘记了，可是"她的教鞭好像要落下来，我用石板一迎，教鞭轻轻地敲在石板边上"这句话、这个细节却永远难忘，因为它轻轻地敲在了每个学生的心上。别以为孩子们小，对于爱，对于善良，他们是世界上最精密最灵敏的检测仪。我曾经听全国特级教师于永正老师讲过一则故事：一位教一年级的女老师上课时，发现一位小男孩神色不对，便走到该生的座位前，嘴巴凑到他的耳朵上悄悄地问："想解手吗？"该生使劲点头。女教师一拍他的肩，他便飞也似的跑出去了。可是，好久不见小男孩回来，于是这位老师从包里掏出卫生纸，对另一位小男生说："你去厕所给他送卫生纸去。"果不其然，先前去的小男孩蹲在厕所正在为没有带卫生纸发愁呢。这个故事原本是讲一个有经验的老师怎么善于体察，善于推理的。而我从中看到的是一个老师对自己的学生的体恤、仁爱，一个善良的人把善良的种子如何播种在孩子们幼小纯净的心田，总有一天这颗善良的种子会起根发苗，开出烂漫的善之花。总能在媒体上时不时看到校园霸凌，几个十几个孩子欺侮一个孩子，每当看到这样的事，我的心就不由得颤栗！我无法想象一个人的心要冷酷到怎样的程度才会加入到这样毫无人性的行动中去。

　　有一句话我很欣赏："无论走到哪里，无论天气多么坏，记得带上你的阳光。"我想改成：无论走到哪里，无论处境多么恶劣，记得带上你的善良。因为善良是人性的阳光，既可以温暖别人，又可以照亮自己。

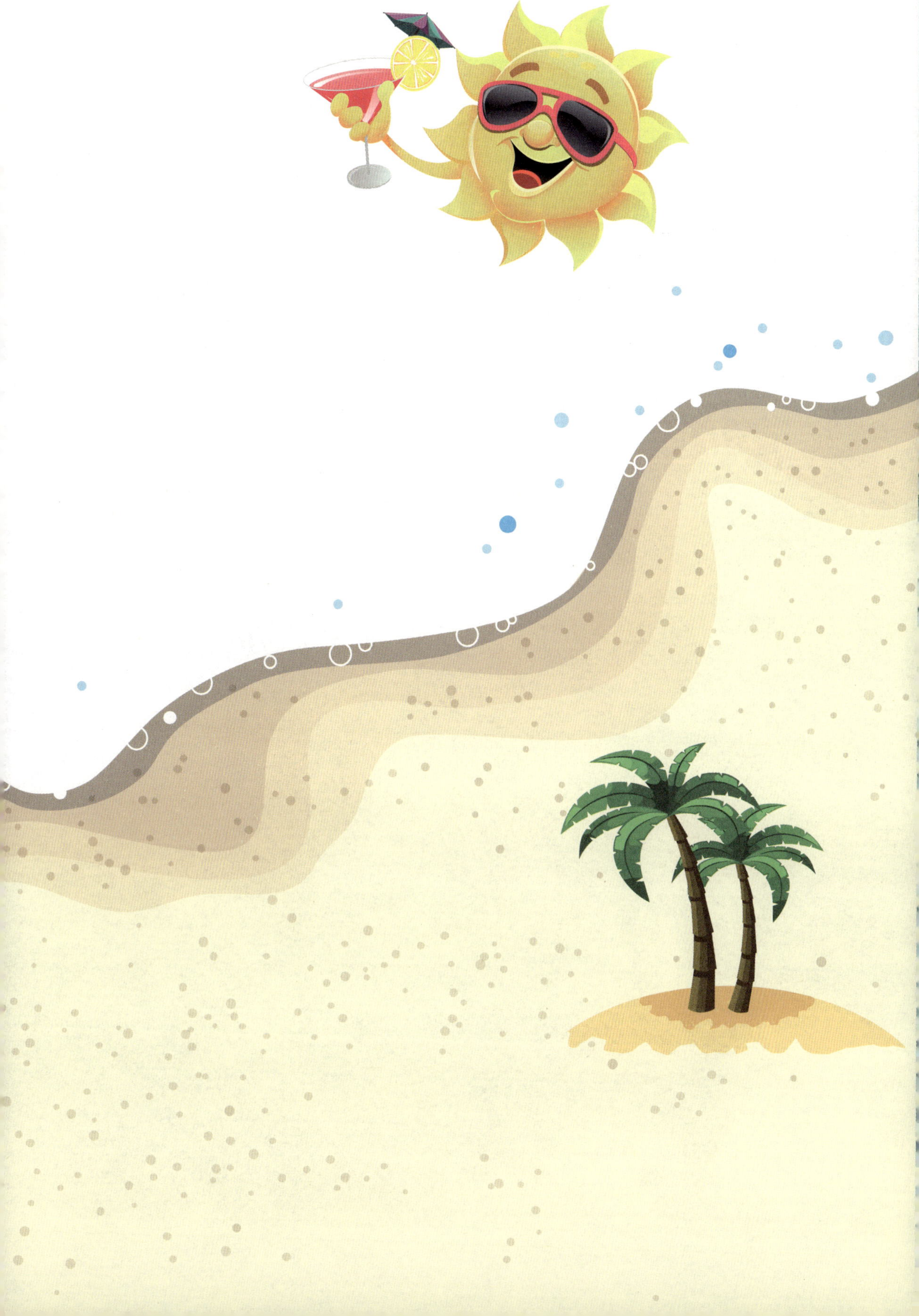

HOW TO GUIDE CHILDREN TO LEARN EFFICIENTLY

如何引导孩子
高效学习?

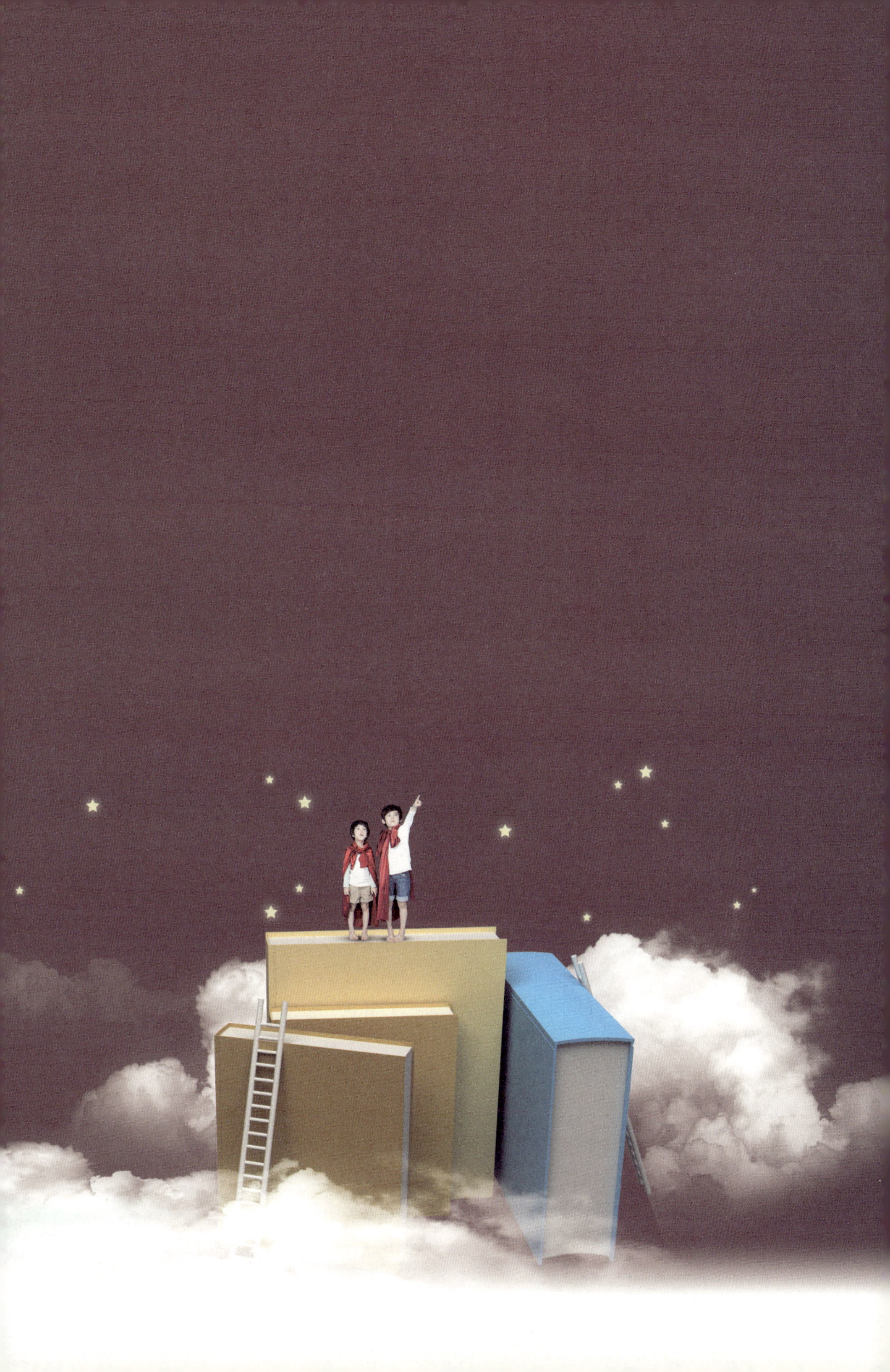

01
注意力是基础
ATTENTION IS THE FOUNDATION

先说一个调查研究得出的统计数字，初一学生平均每节课注意力集中在授课内容上的时间是25分钟，利用率55.56%。前十名优秀学生平均每堂课注意力集中在授课内容上是36分钟，利用率80%；后十名学生是20分钟，利用率44%。这是我做校长时连续三年对初一年级进行的课堂注意力专项调查统计。之后又向低年级高年级延伸，统计数字有微小变化，但学习成绩好坏与注意力指向授课内容的利用率呈正相关。这项调查研究得出的结论是：注意力是学习成绩高低的决定因素。

你一定有这样的经验，特别帅的人你见一次就记住了，特别喜欢做的事一学就会，特别美丽的景色长存脑海，特别好的老师终生难忘，特别喜欢的课一听就懂，特别感兴趣的事做起来会痴迷到忘掉自己，等等，这一切都与注意力有关。

苏联心理学家维果茨基把注意分为三种状态：无意注意、有意注意、无意后注意。无意注意是无预定目的无需意志努力的注意。有意注意是指以意志作保证，有目的的注意。专心听课写作业看书都是有意注意。

有意注意升华到"痴迷"忘我的程度，就是无意后注意。

教育家苏霍姆林斯基说"注意力是人的财富"。这是因为注意力是人的一切智力活动的保证，良好的注意力可以最大限度发挥人的潜能，使学习工作效率最大化。

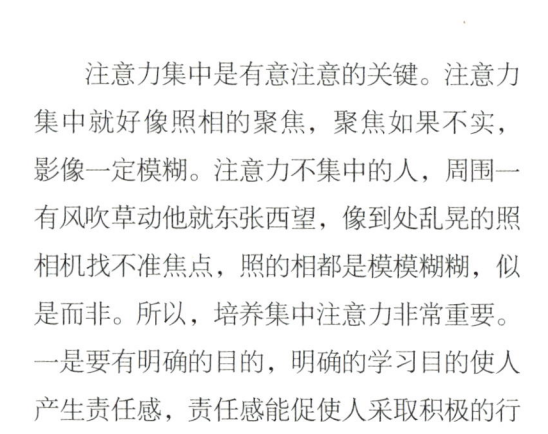

注意力集中是有意注意的关键。注意力集中就好像照相的聚焦，聚焦如果不实，影像一定模糊。注意力不集中的人，周围一有风吹草动他就东张西望，像到处乱晃的照相机找不准焦点，照的相都是模模糊糊，似是而非。所以，培养集中注意力非常重要。一是要有明确的目的，明确的学习目的使人产生责任感，责任感能促使人采取积极的行动，积极的行动必然依靠有意注意。二是要有清晰的意义，对学习行为能够预见结果并深刻理解其意义，就能够集中注意力投入。三是浓厚的兴趣，兴趣是最好的老师，也是力量的源泉。四是坚强的意志，懂得注意力的重要性，经常反躬自问："我是否注意力集中？"一旦发现注意力分散，及时调整。五是正确的方法，不断变换学习方式内容，手脑并用，劳逸结合，动静搭配，使兴奋与抑制合理交替，保持注意力的最佳状态。儿童游戏最能体现上述五点，可以说幼儿的注意力培养始于游戏，人类发明游戏也许就是为了培养注意力。游戏状态也是注意力最集中的状态。体育始于游戏，所以从进入学校开始，我主张每一个孩子都要学习一项他自己感兴趣的体育运动，这项运动孩子生活的环境便于学习，能够有众多同龄小伙伴参与并能够自发组织比赛。体育比赛既能健体强身又能培养注意力，还能激发人的上进心，也是检验注意力是否集中最好的方式。输掉比赛的原因除了实力就是注意力，凡是某项比赛的高手也一定是这项运动最投入、注意力最集中的人。就单纯培养注意力而言，学习棋类是最好的方法，围棋、象棋是思维体操，棋类比赛是人的智慧与注意力的较量。我曾建议许多父母让孩子学习围棋解决注意力不集中的问题，改善效果十分明显。练习书法也是训练注意力集中的好方法。

学会及时转移注意力。注意力的转移就是根据情况变化，任务改变，及时把注意力转向新的目标。课间十分钟再回到教室上课，有的孩子很快进入听讲状态，有的孩子还沉浸在课间游戏的状态不能集中注意力听讲，前者转移注意力好，很快进入新的角色，后者差，注意力还在前一项活动上。而每一个人无论是学习还是生活，都会不断变换任务，不断变换角色，不能把注意力投射到新的任务上，必然不能进入新的角色，仿佛没有聚焦的照相机。及时转移注意力的方法是：首先，暗示自己注意力要集中到目前要做的事情上；其次，深呼吸气沉丹田缓缓吐出，心里反复默念要开始的任务，比如"我要开始做作业，我要开始做作业……"。

冥想是训练注意力的好方法。两腿盘坐，双手合十，微闭双目，内视鼻尖，以鼻对口，以口问心，气沉丹田，全身放松。冥想自己心灵深处有一汪湖泊，平静清澈，湖边长满花草树木，倒影水中。一朵大大的莲花在心灵湖泊中央缓缓的一圈一圈的开放，仿佛电影慢镜头。你的注意力完全凝聚在莲花的中心，意念中你能看清每一片花瓣上的经络。如果是在教室，上述动作是：身体坐直，两腿叉开，脚面平行，双手自然放在腿上，微闭双目。以下相同。入静2～3分钟，开始新的学习任务。禅定是佛教修行的功课，目的就是去除杂念，清心净目。

古人读书有净目之说，所谓净目就是不看不该看的东西，非礼勿视，既为修身也为注意力集中。所以，拒绝黄色读物，拒绝网络游戏，也是今人教育孩子必须注意的问题。玩网游，看不健康的书籍包括早恋是分散学习注意力的主要原因。尤其是迷恋上网络游戏，就进入了网游有意后注意，我上面讲的这些集中注意力的方法就没有任何意义了。

02

速度第一

SPEED FIRST

老师说，学习要讲效率。家长也这样说，专家更是这样说。可是，拖延几乎是所有孩子的通病，其实也是成年人的通病。畏惧挑战，懒惰苟且是人性的弱点，能够战胜人性弱点的人不是伟人也是成功的人，而成功的人在人群中那是凤毛麟角啊！所谓效率，是又快又好，这个标准太完美，完美的要求普通人往往做不到。所以我的建议是首先做到"快"，逐步做到快而少错，最后实现快而不错，完全不错不可能。为什么我要突出强调"快"？快速做事注意力集中，快速做事人的大脑处于兴奋状态，所以思维敏捷，快速做事让人有激情有创造力，快也是治愈拖延症的唯一方法。美国当代教育家和心理学家本杰明·布卢姆（Bengjamin S. Bloom）是掌握学习理论的创立者，他认为，除了仅占5%少数超常儿童和低常儿童之外，其他的大部分学生在学习上的差异其实就是一种"学习速度的差异"。可见速度真的是很重要。

快，当然首先是时间要求，在规定的时间完成任务。学龄前就要培养孩子的时间意识，搭一组积木，在规定时间完成；吃一小碗饭，在规定时间完成；看一本图画在规定时间完成等。在小学1~3年级，只要当天有家庭作业，首先评估作业量，根据量设定完成时间，就是说既有量的要求又有时间要求。一般来说小学一二年级不允许留家庭作业，3~6年级每门课不得超过30分钟的量。但是，没有几个老师会在乎这些规定，所以，家长要根据当天的实际情况进行评估。限定完成的时间要比评估时间少，从低年级到高年级逐步提高要求。比如小学一年级30分钟的数学家庭作业，就限定在30分钟内完成，到二年级限定25分钟完成，三年级必须在20分钟内完成。我的女儿二年级下半学期时，老师要求每天100字的日记，写了擦，擦了写，一小时都不能完成。我发现后，要求100字必须15分钟完成，不管内容好坏，不能涂改。为了制止涂改，干脆手头不让放橡皮擦、更正液，为了保证按时，旁边放着闹钟，铃声一响停笔。这样坚持了半个学期，上三年级开始写小作文，老师要求500字，她每次都是20分钟内完成，从不涂改，限时完成作文这个习惯一直坚持到高中毕业。实践情况是，只要坚持的好，大多数孩子一年时间就能形成快速完成的习惯，这里讲的坚持更多的是针对父母。

为了做到忙而不乱，快而少错，开始作业前一定要做好准备。喝水，上厕所，削好铅笔，准备好文具，筹划好先做什么，后做什么。孩子开始作业，父母离开。尽量不看电视，不听音乐，不大声说话，不让孩子有分心的干扰。

孩子按限定时间完成任务，父母一定要和孩子一起庆祝成功，给予孩子表扬奖励，奖品可以是一颗苹果，一个他平时喜欢的小物件，也可以是一个拥抱、亲吻，或者奖励他自由支配节约出来的时间。发现有错误，一定不能大惊小怪，一二年级只改正错误，不说原因，更不能责备，尤其是不要把错误的责任一概归结为粗心大意。一定要记住我的话：形成一个好的习惯不知比眼下的对错重要多少倍。三年级以上，可以心平气和的和孩子讨论发生错误的原因，最好是让他自己找出错误的原因。没有按限定时间完成也没关系，把每次活动记录下来，制成一个柱状图挂在墙上，每月一张，让孩子能够非常直观的看到进步。

速度快思维敏捷也是可以训练的。为了训练儿童的运算速度，有人发明扑克牌加法。去掉两张王牌、J、Q、K，余下四色四十张扑克牌，边发牌边加。开始要求低，按顺序，不限定时间。稍熟练，提高难度，打乱牌序，随机发牌，加快节奏。累计加数220不变，但速度要求越来越高。背诵古诗文也是训练速度的好方法，一开始一首七绝5分钟背会，逐步提高到一分钟背会，小学阶段每天早上一分钟一首诗。如果父母也能参与孩子的背诵比赛是再好不过。到高中，别人一篇千字文两小时背会，经过快速背诵训练的人30分钟内肯定背会。阅读也可以进行快速训练，用食指或圆珠笔沿着书页的中间快速下移，你的眼睛只看食指或笔尖的上方，跟着食指或笔尖下移。这种阅读只适合泛读，读报纸或广告等不重要的读物。可是这个能力当你成为一个学者，需要大量检索浏览文献时，会十分有用。

最后再强调一遍：形成快速完成的习惯比对错更重要。

03 记忆有法

A WAY OF REMEMBERING

记忆不仅仅是再现，对于一个人来说更多的是塑造。良好的记忆能够使学习更加有效是不言而喻的，可是因为记忆是大脑的功能，所以很多人过分的强调大脑在记忆中的客观作用，把记忆好坏归结于先天的遗传。其实，记忆是有规律可循有方法可学的。当代著名教育家魏书生在《学生实用学习法》一书中介绍了十四种记忆方法，我择其中四种结合我自己的学习实践介绍如下：

一、口诀记忆法

把零散的知识整理起来，形成有韵律有节奏的口诀，是最常用最有效的记忆方法。口诀记忆最典型的是化学元素的化合价："一价钾钠氯氢银，二价氧钙钡镁锌，三铝四硅五价磷，谈变价，也不难，二三铁二四碳二四六硫都齐全，铜汞二价最常见。"这段口诀老师教给我四十年了，当我要写时仍能脱口而出，所以，好的记忆方法不仅当时容易记住，更重要的是一旦记住不会忘记。据说周恩来总理把30个省市自治区（当时没有深圳、重庆两市和海南省）给文化不高的警卫战士编了一段口诀：

两湖两广两河山，
三江云贵吉福安，
双宁四台天北上，
新西黑蒙陕青甘。

第一句说的是湖南、湖北、广东、广西、河南、河北、山东、山西；第二句说的是江苏、浙江、江西、云南、贵州、吉林、福建、安徽；第三句说的是辽宁、宁夏、四川、台湾、天津、北京、上海；第四句说的是新疆、西藏、黑龙江、内蒙古、陕西、青海、甘肃。中国历史朝代口诀是：

秦汉三国晋封侯，
南朝北朝是对头，
隋唐五代十国后，
宋元明清帝王休。

对不好写的字也可编成顺口溜，如"赢"字：扁亡口叠上边，月贝凡下边排，这样排列好，赢字在眼前。对易混易错的形近字"辨、辩、瓣、辫"有人编了：

一点一撇仔细辨，
巧用言语来争辩，
种出花果长花瓣，
一缕青丝扎成辫。

形象生动地区别了四个字的不同意义。口诀易记的原因在于节奏和押韵,如果在记忆的过程中按照自己的方式唱记,效果会更好。

二、谐音记忆法

圆周率的谐音记忆是古代流传下来的一个经典记忆故事,也是古人记忆智慧留给后人的财富。

山巅一寺一壶酒(3.14159)

尔乐苦煞吾(26535)

把酒吃(897)

酒杀尔(932)

杀不死(384)

乐尔乐(626)

1901年,清政府与八国联军在北京签订了丧权辱国的《辛丑条约》,内容有四条:赔款白银四亿五千万两;清政府保证禁止人民反抗;允许外国驻兵;修建东郊民巷为外国使馆区。概括起来四个字:钱、禁、兵、馆。四个字没有意义上的联系不好记,取其谐音"前进宾馆"就好记了。

用谐音记物理电功公式 W=UIt,可记作:大不了,又挨踢。

初学英语单词谐音记忆也十分管用,如:door,门,谐音"咚","咚咚"的敲门声就是门。Play,玩,谐音"不累",玩的感觉一定是不累。Hair,头发,谐音"黑啊",头发真是黑啊。Wash,洗涤,谐音"我洗",洗涤的事我来洗。Ambulance "俺不用死"

不就是有人来急救吗?等等。

谐音记忆最常用的是数字尤其是电话号码,一熟人在美国的电话号码是7343587145,无规律不好记,根据谐音我编了一句话:旗伞是伞无(73435),拔旗一是无(87145)。前边说旗和伞在一起是伞没有,后边说拔了旗什么也没有。用这个意思,只要想打这个号码,能够想起旗和伞两个东西就行。

三、联想记忆法

把要记忆的对象与自己已经熟知的事物联系起来即为联想记忆。我永远不会忘记成吉思汗出生于1162年,因为他比我大800岁,通过我自己出生时间联想成吉思汗的生年。继续联想,成吉思汗四十岁(1202年)灭乃蛮部,四十一岁灭克烈部,四十二岁灭塔塔儿部,四十三岁征西夏,四十四岁(1206年)建立大蒙古国。整部元史一直可以用这样的方法联想下去。

学习英语,根据已知的 name(名字)同时联想学习 fame, lame, same, tame, game(名誉,跛的,相同的,驯服的,游戏)。

也可以编一段自己明白的奇特的故事记忆,如我自己编了一段故事记忆唐代著名诗人的出生年:沏一壶酒,醉了贵妃起高楼,楼上杜甫读诗书,楼下王维高考拔头筹,李白仗剑天下游。说的是719年,杨贵妃(杨玉环)出生,这一年张说(52岁)主持修建的天下名楼岳阳楼落成,诗人杜甫这年刚刚 7 岁，701 年出生的王维、李白都十八岁，一个参加科举，一个到了长安。以这三个人为轴心，同时期的张九龄（678 年）、孟浩然（689 年）、王昌龄（698 年）、高适（704 年）、岑参（715 年）的生活年代，创作背景皆记在脑海。记作家路遥的作品写这样一段话：在《平凡的世界》，一个人在《困难的日子里》，他《早晨从中午醒来》，《人生》发生了《惊心动魄的一幕》。路遥所有的作品尽在其中，学文学史记作家作品皆可效法。

关系明白了，条理清楚了，要记的东西也就记住了，列表法尤其适合于期末综合复习。以上两个例证都是对比表，还可以列"一览表""系统表""统计表""关系图""示意图"，等等。

由于我是文科专业背景，所以上述记忆方法的例证多为文科类，且有的例证只是自己的实践，不一定科学合理，旨在通过方法例举，对家长孩子有所启发。最好的方法是自己总结摸索的方法，适合自己的行之有效的方法。

四、列表法

表达式 a>0,a≠0,n>0	读法	名称		
		a	b	n
指数 $a^b=N$	a的b次幂等于N	底数	指数	幂
对数式 $\log_a N$	以a为底N的对数等于b	底数	对称	真数

实词	名称	形容词	动词	名词	数量词	代词
	例词	鲜艳	走	北京	十个	你我他
虚词	名称	实词	介词	叹词	实词	助词
	例词	实词	在朝向由于对被比	啊	和，跟，好比不但而且如果	的地得着了过

是把需要记忆的相关材料进行分析对比，把要记忆的内容列成表格。

如：虚实词对照表：

列表不是简单罗列，而是对材料分析、对比、概括综合的过程，一张表整理出来了，

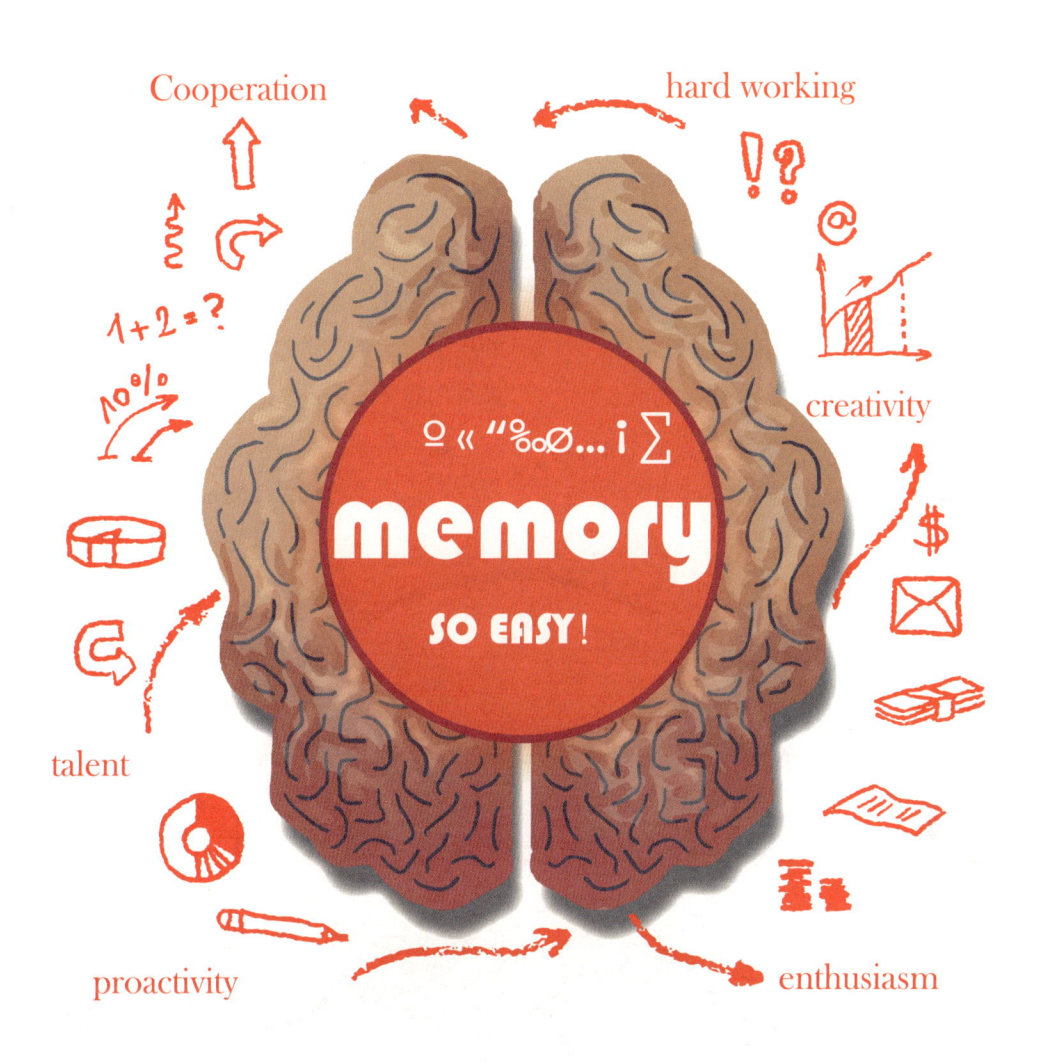

Cooperation — hard working

creativity

memory
SO EASY!

talent

proactivity — enthusiasm

04

记忆可练

MEMORY CAN BE TRAINED

记忆可以通过练习提高吗？答案是肯定的。要做成功任何一件事都必须持之以恒，记忆力练习也一样，贵在有恒。

坚持背诵是记忆力提高的最有效的方法。从幼儿开始一直到初中毕业，我主张每天坚持十分钟的背诵，背诵内容首选韵文，由浅入深：儿歌、三字经、弟子规、千字文、唐诗宋词、四书五经。幼儿到小学低年级不要求理解，只要会背诵，随着年龄的增长知识的增加，装在脑子里的内容自然会理解消化。考验意志的有两点：一是每天坚持，二是背诵难以理解的四书五经。无数人的实践证明，不断背诵，坚持背诵，是提高记忆力最好的方法。传说有人过目不忘，这样的人我至今一个没见。大千世界无奇不有，没见不一定就没有。我的文章是给普通人看的，如果你的孩子是一个普通的孩子，那么提高记忆力就得用我说的笨办法。往往笨办法就是好办法，在不断背诵的实践中，就会找到记忆的规律，特别是适合自己的记忆方法，而且量变引起质变，脑子里储存的知识越多，记忆的能力就越强水平越高速度就越快。我的前一篇文章介绍的记忆方法，不是脑科学专家的贡献，都是长期以来人们在背诵实践中的总结。为什么十分钟？背诵要求注意力高度集中，反过来说注意力高度集中记忆效果最好，所以要养成一旦背诵必须进入注意力高度集中的状态。根据背诵

的篇幅，分解成一个个十分钟来进行，有利于集中背诵的注意力。再说，每天背诵，时间长了不好坚持。每天十分钟，如果能够坚持背诵十年，是36500分钟，608小时，平均水平大约可以背诵十万字，一个脑子里装有十万字的初中学生（当然他肯定有遗忘），他的知识储备、词汇量、理解能力、思维水平包括语感，在同龄人中一定是凤毛麟角。不仅记忆能力会提高，学习成绩尤其是语文学习成绩一定会提高。曾经有不少家长和我讨教孩子语文学习方法，我出的招就是：背诵。可惜能够做到的太少，极个别能够做到的，收到了意想不到的效果。到高中阶段，如果之前按我的要求坚持背诵，这时背诵的能力习惯已经形成，因为有高考应试，所以背诵内容由孩子自己决定，但每天晨起十分钟背诵还应坚持，这样对高考也是有百利而无一害。

重视左侧身体活动发挥右脑作用。人的右半脑支配左半身，左半脑支配右半身。绝大部分人偏用右手，因此造成左右脑发展不平衡。脑科学研究证实，人的大脑左半部分主要起处理语言、逻辑、数学和次序，大脑的右半部分主要处理节奏、韵律、图像和想象。左右脑互相协调共同起作用，记忆的效果才是最好，因此要通过加强对左侧身体的活动调动右脑发挥作用。脑科学专家为此编制了"单侧体操"，具体动作要领是：立正，左手紧握上举，左臂屈伸；仰卧，左腿向上直举，再向左侧倒下；左臂直举靠近头部，自由下垂；身体向左倾倒，以左手和右足尖触地支撑身体；左臂伸直，身体笔直斜躺，弯左膝起身，俯卧撑，左足向上高抬，右臂尽量不用力。要点是运动左手左腿，觉得上边的体操复杂麻烦，可以自创活动左侧的体操。贵在坚持，贵在有恒。

开展家庭一分钟趣味记忆力比赛也是提高幼儿记忆力的极好训练方法。扑克牌、卡通人物、电话号码、地名、人名、歌词、短诗都可以作为记忆材料，限定一分钟，家庭成员全部参与，比赛谁的记忆最快最准，每周进行一次。从比赛中体会集中注意力对于记忆的重要性，学习寻找自己独特的记忆方法，家庭成员交流记忆心得，增强记忆的自信心。学校在班级开展课文背诵比赛是最好的方法，限定时间内容，当堂进行。

学习调动所有的感官参与记忆，向婴儿学习，体会婴儿是怎么认识记忆他来到的这个陌生的世界。无论记忆什么材料，都要有意识的调动自己的视觉、听觉、感觉、触觉甚至嗅觉参与到记忆中来，根据识记材料的特点，把要识记的对象图像化、人化、动物化，形成你自己独特的记忆方法，不仅能够记住，关键是不易忘掉。

05

关于记忆的常识
COMMON SENSE ABOUT MEMORY

前两篇文章介绍了记忆和如何训练记忆的方法，各种各样关于记忆的问题刷爆我的朋友圈，可见记忆是一个多么重要的问题。可惜我不是脑科学的专家，许多问题我不仅回答不了，有的干脆闻所未闻。为了回复大家的关注，我恶补一个月，翻阅大量有关资料，作如下答复，这些答复的内容完全是我从有关论著上抄来，相当于一个科普文摘。

1. 用脑过度的说法有没有科学道理？科学研究已经证明，人的大脑有1千亿个活动神经细胞，每个细胞有2万个连接点，称为树突，每个树突接收从其他细胞传入的信息，并存储信息。所以1千万个细胞中的每一个细胞组织相当于一台电脑。由此可见，大脑无论是处理信息的能力还是存储量无法计量，每一个人即使是一个科学家终其一生所用的大脑能量只是极其微小的一部分，用脑过度毫无科学根据。

2. 记忆力与营养有关吗？有关。大脑需要能量，能量来自葡萄糖和氧气，大量的葡萄糖靠食物产生，所以新鲜水果和蔬菜是必不可少的食物，运动使你的血液含有更多的氧气，所以说生命在于运动。细胞、细胞上的树突、连接细胞的轴突都被一种叫髓磷质鞘的物质包裹覆盖，正确的饮食营养对于髓磷质鞘以及通过髓磷质鞘向活动细胞提供营养十分重要。美国脑科学家莱恩·摩根和罗伯特·摩根著有《大脑食物》，书中关于饮食营养的建议是：早饭要好，吃大量而多样的水果；午饭必须有新鲜蔬菜。鱼、果仁和植物油脂要作为食物的主要部分，鱼和植物油是营养脑神经胶质细胞最好的食物，果仁和植物油是亚油酸的主要来源，髓磷质鞘的修复主要依靠亚油酸。

3. 记熟的东西为什么还会忘记？德国心理学家艾宾浩斯研究发现，遗忘在学习之后立即开始，而且遗忘的进程并不是均匀的。最初遗忘速度很快，以后逐渐缓慢。他认为"保持和遗忘是时间的函数"，并根据他的实验绘制出了遗忘进程的曲线，即著名的艾宾浩斯遗忘曲线。

以无意义音节为例，记住一小时后只保留44.2%的记忆，两天后只保留27.8%，此后放慢了遗忘速度。艾宾浩斯遗忘曲线告诉我们两点：一是遗忘是必然发生的规律，每一个人都是如此；二是掌握遗忘规律科学的重复记忆才能更好的巩固记忆。

艾宾浩斯遗忘曲线

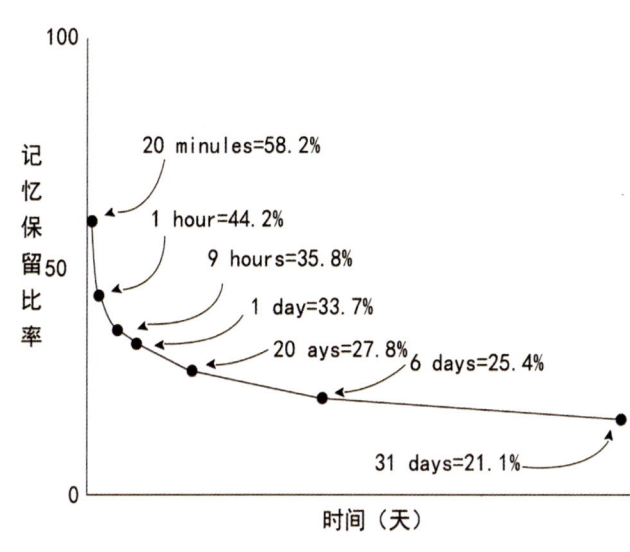

```
记忆保留比率
100 ┤
    │ 20 minutes=58.2%
    │  1 hour=44.2%
    │   9 hours=35.8%
 50 ┤    1 day=33.7%
    │     20 days=27.8%
    │      6 days=25.4%
    │       31 days=21.1%
  0 └──────────────────────
              时间（天）
```

百科，minutes：分钟，hour：小时，day：天

4.大脑突然"空白"，连最熟悉的人也想不起是为什么？

大脑有 1 千亿个活动神经细胞，每个细胞又可长出多达 2 万亿个树状的分支存储信息，每一个细胞又是通过轴突传送电化信息与其他细胞相连。轴突就仿佛细胞间的"高速公路"，沿着这条高速路大脑有 70 种不同类型的神经传递方式，只要有一个出现问题，记忆就会出现"空白"。深呼吸，有意转移注意，神经重新连接，记忆即可恢复。所以，这种现象人们也称为"假性遗忘"。

5.大脑为什么会疲劳？正确的说法应该是大脑处于抑制状态。产生抑制的原因主要有：缺足够的氧、缺葡萄糖、钠、钙等营养元素，身体肌肉疲劳，特别是眼睛肌肉和肩颈肌肉疲劳反射到大脑，重复枯燥导致抑制。由此可见，大脑抑制不是大脑劳累的结果。

6.既然大脑有无穷无尽的潜力，为什么人的记忆水平千差万别？我找不到关于这个问题的文献答案，但我想每一个人的大脑相当于一台配置相同的电脑，电脑作用发挥的如何要看操作人的水平。操作技术高，电脑的作用大，操作技术低，电脑的作用自然低。所以，有人说大脑也是用进废退，越用越灵光。或者说，人的大脑相当于硬件，人的非智力因素相当于软件，硬件的作用要靠软件发挥。

7.为什么让所有的感官参与记忆记得牢固？通过关联才记得最牢，将新学习的知识与已经知道的内容联系起来。已经知道的内容越简单越本能越好，所以，你自己的视觉、听觉、嗅觉、触觉都是你先天的已知领域。

每天必须有三分之一的时间睡眠休息，大脑细胞才能集聚能量恢复活力，其生物学原理没有找到答案。但是每一个脑科学家、心理学家都强调要重视休息，否则会疲劳过度，不仅学习效率下降，甚至会导致精神疾病。

06

绘制思维导图
Draw mindmap

思维导图是由英国著名心理学家东尼·博赞于 20 世纪 70 年代发明的，是特别能够提高学习效率的方法。作为大脑和学习方面的世界超级专家，他被誉为"智力魔法师"和"世界大脑先生"。博赞在研究大脑的力量和潜能过程中，发现伟大的艺术家达·芬奇在他的笔记中使用了许多图画、代号和连线。他意识到，这正是达·芬奇拥有超级头脑的秘密所在。在此基础上，他发明了思维导图这一风靡世界的思维工具。国外有些专著也把思维导图称为"脑图"。先看一个简单的示例：

思维导图模式

解读步骤：

1. 中心主题：最中心的部位；

2. 主干：从中心部位延伸出来由粗到细的线条；

3. 支干：主干之后的细线条。

解读顺序：一般是从右上角开始，按顺时针依次进行。按照思维导图绘制一个光的概念图

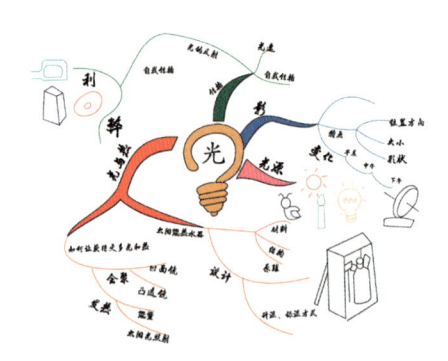

用文字将你要学习的知识"画出来"是思维导图最为显著的特点。绘制一幅思维导图有七个步骤：

1. 从一张白纸的中心开始绘制；

2. 用一幅图画表达中心思想，如用电灯泡表示光；

3. 用不同的颜色区别线条；

4. 从中心出发，似树状，主干分枝明确，与所学习的知识大小归类一致，如光源有太阳光、灯光、烛光；

5. 思维导图的分支线条要弯曲，像大树的枝杈一样；

6.在每一条线上使用最关键的词,忌短语;

7.最大限度使用图形,可以创造自己能够识别的图形。

下列关于水果的思维导图是博赞绘制的,最符合上述七点。

秦王扫六合的思维导图我们可以总结其作用是:提纲挈领,化繁为简,简捷清晰地构建知识体系;聚焦核心,明确目标,提高学习效率;打破思维定式,改变思维习惯,培养想象力创造力;文字图像化,有助于记忆。绘制思维导图使抽象枯燥的学习变得富有乐趣,更重要的是你通过绘制搞清楚了知识的来龙去脉,建立起自己独特的知识结构图,既好记又难忘。思维导图还可以运用于做计划、写作文、制订活动方案等。

按照上述思维导图绘制方法,绘制"秦王扫六合"历史事件如下:

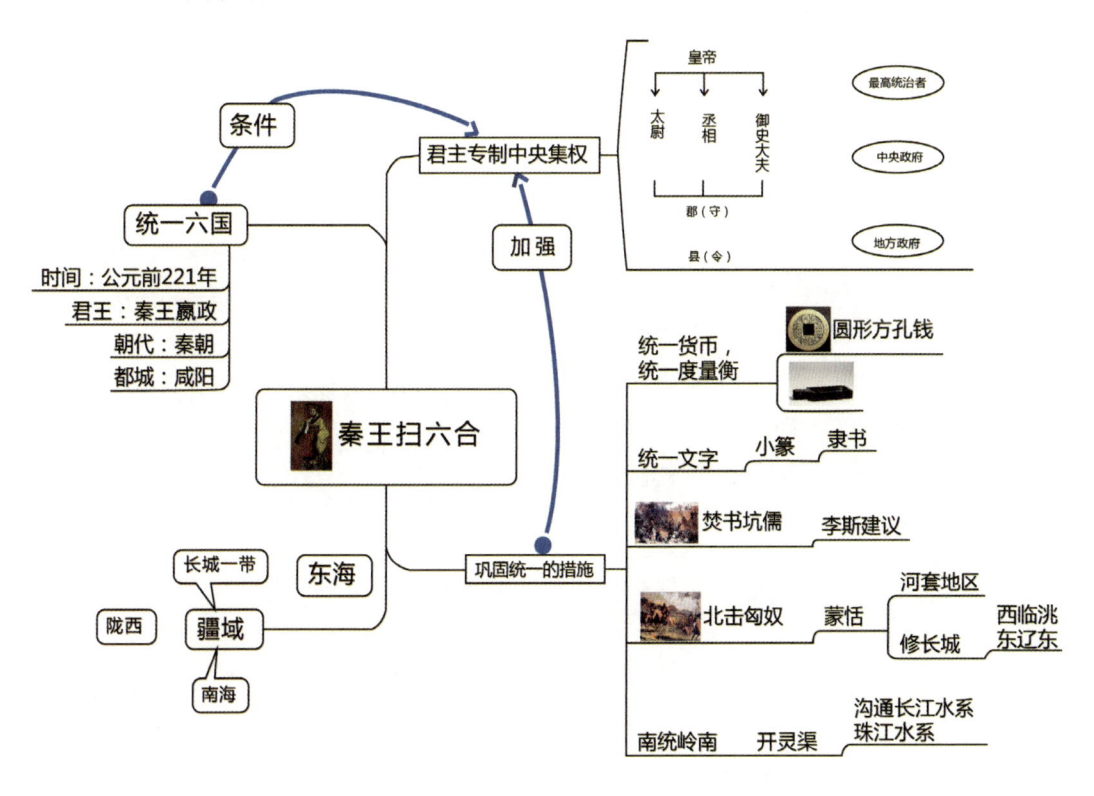

07

不可一错再错

WILL NOT MAKE THE SAME MISTAKES AGAIN

应试教育提高学生学习成绩的秘诀就是反复练习反复考试，向竞技体育学习，大运动量训练，量变引起质变，很有用也很有效。家长改变不了老师也改变不了学校更改变不了教育，可是在适应的前提下，可以改变孩子，通过掌握正确的学习方法提高学习效率，减轻不必要的负担。比如对作业和考试中的错题处理的方法就非常重要。一般来说，考试、作业中的错题，学生照正确的改过完事。这样的做法，下次遇到同类题还会出错，因为没有从根本上解决了错题的原因。教学实践中多采用"错题本"纠错，这是一个很好的方法，如果把"错题本"与思维导图纠错结合使用，效果会更好。"错题本"收集所有的错题，是对错题的汇总，长期积累就能找出错误的规律性。对于重要的典型性的错题用思维导图进行分析研究，利用错题查找知识缺漏，举一反三，变不利为有利，被动为主动，使错误成为财富，成为进步的资本。

思维导图错题分析模板

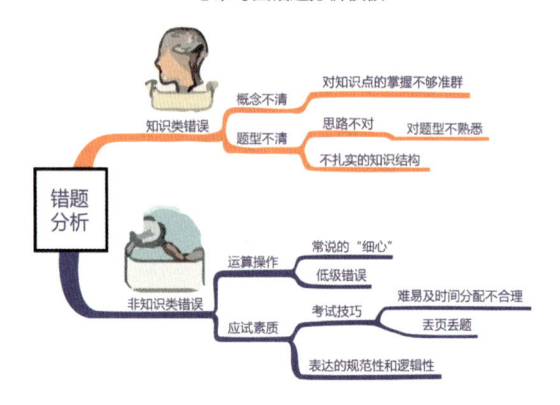

- 错题分析
  - 知识类错误
    - 概念不清
      - 对知识点的掌握不够准群
      - 思路不对
    - 题型不清
      - 对题型不熟悉
      - 不扎实的知识结构
  - 非知识类错误
    - 运算操作
      - 常说的"细心"
      - 低级错误
    - 应试素质
      - 考试技巧
        - 难易及时间分配不合理
        - 丢页丢题
      - 表达的规范性和逻辑性

错题分析思维导图，主要目的是帮助学生把做错题的原因进行分析，避免重复错误。从错题分析导图中可以看到，出错原因无非是知识错误和能力错误。知识错误又分为概念不清和题型不清，而概念不清的原因就是对知识点掌握不准或者有缺漏。能力错误无外两种情况，运算操作和应试素质，运算操作的错误常见的就是失误与粗心。通过这样剥笋式的层层分析查找到出错的原因，从而对症下药，纠正错误，走出误区。思维导图特别提倡个性化，我出示的模板只是为了启发诱导。思维导图错题分析也可以这样画：

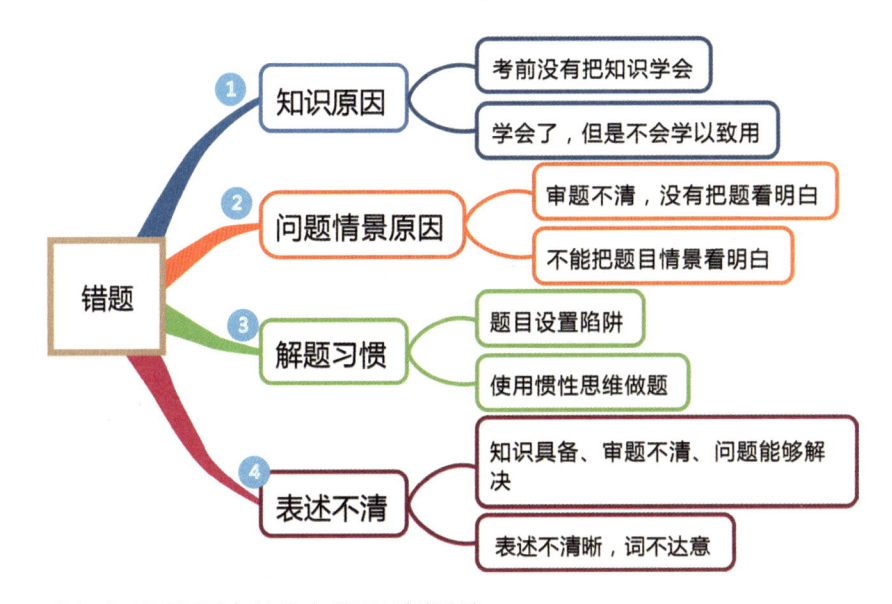

```
错题
├─ 1 知识原因
│   ├─ 考前没有把知识学会
│   └─ 学会了，但是不会学以致用
├─ 2 问题情景原因
│   ├─ 审题不清，没有把题看明白
│   └─ 不能把题目情景看明白
├─ 3 解题习惯
│   ├─ 题目设置陷阱
│   └─ 使用惯性思维做题
└─ 4 表述不清
    ├─ 知识具备、审题不清、问题能够解决
    └─ 表述不清晰，词不达意
```

形象直观逻辑严密的找出错题的原因是运用思维导图分析错题的主要目的，把典型错题分析与"错题本"结合使用效果会更好。无论是"错题本"还是"思维导图错题分析"，运用的过程必须注意以下几点：一是贵在坚持，只有量的积累才会有质的改变，错题积累到一定的量，才会发挥作用。按照学科分类记录作业、练习、考试中的错题，只要是错题不分大小一律收录。每一道错题都暴露了你学习上的不足。错题汇总就是对薄弱知识点的梳理，从中找出错误的规律性，分析错误的原因和种类，各种不同的错误现象所占的比例，从而对症下药，杜绝同类错误的重犯。二是定时翻看，尤其是看思维导图错题分析，把错误当成警示，使纠错成为提高能力的途径。三是要有错题与教材对应意识，无论是知识错误还是能力错误都要到对应的教材中去找正确答案，不游离教材。四是要进行错题销号，第三、第四次考试不再出错就销号。最后说一句大家耳熟能详的话："错误和挫折教训了我们，使我们变得聪明起来。"

08

努力源于动力

EFFORT COMES FROM MOTIVATION

你的孩子不缺智商，不缺健康，懂事听话，每天做着一个好孩子应该做的一切，就是学习成绩一般般，不高不低，不上不下，不温不火。我作为一个老师，面对最多的其实就是这样的学生，他们有一个共同的名字"中等生"。成为中等生原因很多，突出的一条是：缺乏学习动力。优异的学习成绩是努力换来的，没有动力何来努力？而没有动力的根源是缺乏明确的学习目标，仿佛一条没有目的的航船，只能随波逐流。明确的学习目标是学习动力的源泉，越是远大的目标动力越是持久。道理似乎谁都知道，可是，怎么样才能让孩子有明确的学习目标，树立远大的理想呢？

家长要熟悉一连串古今中外伟人的故事，让榜样的力量，外化于行，内化于心。从孩子懂事起，家长要不断地讲名人伟人的故事；在他们有阅读能力以后，精选古今中外各个历史时期十位对人类做出突出贡献的伟人传记阅读，由孩子选择一位他最崇拜的人，对这个人的成长经历、奋斗精神、巨大贡献达到了如指掌烂熟于心。崇拜一位伟人，就能够减少庸人层次的烦恼，就有了高瞻远瞩的人生导师，就知道为人类做贡献赢得人们的尊敬爱戴是一个人最大的快乐和幸福。模仿这样的人，效法这样的人，立志做这样的人，就是一个有远大理想的人。

订阅一本介绍现代科技最新动态的科普杂志，了解人类最新科技发明，感受知识所创造的奇迹。月球距离地球最近40万千米，当今世界最先进的波音飞机以时速一千千米昼夜飞行17天才能到达。如此遥远的距离，科技人员在北京指挥月球上的玉兔车看天看地看月亮，拍照录像，靠什么才能做到？港珠澳大桥海底隧道5664米，是用33节重约7万吨的钢筒拼接成的，7万吨的钢筒怎么做成？在水下怎么拼接？互联网上一位名师授课，可以有几十万甚至上百万学生在线听课、互动。接触最前沿最伟大的科技成果、建设奇迹，有利于孩子感受人类智慧的伟大奇妙，激发孩子做一名科学家的兴趣与理想。更有利于孩子认识到生活在科技日新月异的时代，不学习没知识就会被时代淘汰，从而自我激励自我鞭策。经常接触了解科技成果还有利于孩子树立面向未来的宽阔胸怀，一个人关注未来，就会注目未来，构筑走向未来的远大理想。

座右铭是照亮人生前进道路的心灯，是激励人奋力前行的警钟。座右铭可以是一位孩子崇拜的伟人的名字或照片，也可以是一句最能激励孩子的警句格言。每当学习遇到困难、挫折，情绪失意、沮丧，精神萎靡、恍惚，就盯着座右铭在内心反复独白，自我反省，自我激励。"梅花香自寒苦来"是我一生念念不忘的格言，正是这句话帮我战胜了一个个人生的苦难，迈过一个个人生的沟坎。做教师后，魏书生是我最崇拜的偶像，办公桌上经常摆着魏书生的相框。每当与他对视，就不禁会自问："你离魏老师有多远？"座右铭也可以是最近一个时期孩子要赶超的一位同学，这位同学在班级里的学习排名最好是比自己的孩子高1~2名，不超过3名。追赶和孩子程度相近的同学，取胜的希望大，激励的现实意义强。超过目标，再确定下一个赶超目标。

把目标放在"心"上。《态度决定一切》的作者罗曼·V·皮尔建议"把自己的目标写在纸上，然后放在自古以来人们都认为心脏所在处的上衣口袋里"。他的建议的意义在于：当我们懈怠的时候，就掏出来目标看一看。因为忘掉奋斗目标是懈怠懒惰最主要的原因，而善于忘掉目标也是人类的通病。我的建议是，当我们确定一个目标的时候，最好是同时确定达到目标的期限，如果这个目标是十年，那也要有为了实现总目标，每一年的分目标是什么，如何实现。这样的目标才有意义，也才有可能实现。

坚持写日记，进行自我反思、自我激励、自我教育的道德长跑。日记可以记录孩子前进的点点滴滴，反思过失，积累经验。遇到挫折，自我鼓励，不气馁不放弃；取得成绩，自我教育，不骄傲不自满。常常提醒孩子要做怎样的人。写日记还能磨炼毅力锻炼恒心，提高分析问题解决问题的能力，更能提高写作水平。

树立为民族振兴祖国富强而读书的远大理想。周恩来总理少年时便立下"为中华之崛起而读书"的宏愿，正是有这样的宏图大志使周总理成为世界伟人，中华民族的骄傲。一个有学习动力的人不一定是树立了为国家为民族学习的理想，但是，树立了为国家为民族学习的理想，一定会有强大的学习动力，一定能够学有所成，一定会成为有益于国家、有益于民族的人。

09 乐此才能不疲

BECAUSE OF LOVE, SO ADHERE TO

孔子说："知之者不如好之者，好之者不如乐之者。"爱因斯坦说："兴趣是最好的老师。" 著名物理学家杨振宁曾说：他不赞成有人说他是"刻苦"学习的，因为他在学习中从没感到"苦"，相反，体会到的是无穷的"乐"。说明兴趣是学习的情感动力，是求知欲的源泉。因此，父母要使孩子会学、乐学，培养学习的兴趣，激发学习的动机，这是保持孩子学习动力，提高学习效率最有效的方法。

然而，几乎每一个家长都有过这样的经历：让孩子每学一样东西，起初都是兴趣盎然，不久便兴趣索然。尤其是孩子刚刚入学时，对即将走入的校门充满好奇，不久便对不去学校的双休日充满期待。可见，兴趣是一个多么短暂、易变的情感。因此，激发兴趣，特别是保持兴趣就成为家庭教育的一门艺术。

首先，要善于发现孩子的兴趣，尊重孩子的兴趣。英国著名数学家麦克斯韦童年时，他的父亲一心想把他培养成画家。一次，麦克斯韦进行静物写生训练，画的对象是花瓶上插满金菊。画成后，父亲一看，花瓶是梯形，菊花是大大小小的圆圈，叶子是一个个三角形。父亲发现，儿子的天赋不在绘画而是几何，于是因势利导培养他学习数学的兴趣，最终成为举世皆知的一位伟大的数学家。如果麦克斯韦的父亲一味坚持自己的主张，不能发现儿子的天赋，发现了也不能尊重儿子的兴趣，科学界就少了一个伟大的数学家，人间少了一个幸福的人。孩子的天赋与兴趣密切相关，而天赋有的很容易发现，有的则需要专业的眼光。在升学决定一切的应试教育环境下，父母尤其要警惕因为自己的功利心而扼杀孩子的天赋，剥夺孩子宝贵的兴趣。当然，我们所说的兴趣一定是正当的、健康的兴趣。

其次，要善于培养孩子的兴趣。你一定发现身边不乏对什么都不感兴趣的人，所谓无趣的人。无趣的人是从童年开始的，这样的人做什么都没有激情，一个没有激情的人不可能学习好。这样的人也许就是父母不正确的家庭教育导致的，他喜欢做的事父母不让做，父母要求做的事他不喜欢，更要命的是，无论做什么事父母都不满意。所以，兴趣不仅是学习的动力，更是人生的乐趣，幸福生活的原因。

培养兴趣要先从引导孩子体验成功的乐趣做起。心理学研究表明，成功的体验可以使人增强信心、克服自卑感，淡化挫折、失败带来的心理压力。人们从事任何的活动，都有一种要达到目的的愿望，当活动取得成功，愿望达到的时候，就会有一种心理上的成就感。这种成就感，又产生一种追求，想继续取得成功的需要，产生了进一步行动的动机和兴趣。无论学习什么，父母一定要帮助孩子取得进步，取得成绩，特别是要对孩子的进步、成绩给予及时的热情洋溢的肯定的评价。对于孩子来说，不管学习什么都要付出辛苦，化苦为乐的法宝就是让他看到努力的成绩，体验成功的快乐。

培养兴趣还要善于展现学习的价值，形象直观地告诉孩子我们要学习的内容对于我们有怎样的好处，特别是在遥远的将来它将产生的价值。比如阅读，对于一个人的成长、成才、成功的重要性是什么。

培养兴趣要贯彻"重点突破，带动一般"的原则，在孩子最具有潜力最有可能成功的某一点上下功夫，让孩子成为一个有特长的人，可以在同伴面前"显摆"，从这一个兴趣的培养学习中获取成功的体验，学会方法，从而带动其他方面。千万不要以为我们的孩子是"超人"，干什么都行，最终会导致什么都不行。

培养兴趣要创设兴趣滋长的良好环境。如果孩子爱踢球，在居住的小区或者是班级组成小足球队，起一个有特色的霸气的名字，定期约其他班级或小区的孩子进行比赛，大人们当观众当裁判，进行隆重的颁奖仪式。为了培养孩子的写作兴趣，建立一个家庭微信群，让孩子把日记写在群里，大家点赞。在微信群中给不在一起的亲人写信等。

最后，要善于引导孩子保持兴趣。和任何情感一样，兴趣这种情感也很脆弱，兴趣盎然到兴趣索然也就一步之遥。所有成大事者有一个共同的特点：兴趣几乎与生命等长。学以致用是保持兴趣的第一秘诀。子曰："学而时习之，不亦乐乎？"，学习并不断的运用于实践不是一件很快乐的事吗？学会写字，马上就在纸上写下自己的名字；学会打乒乓球，马上就和有同样爱好的小朋友比赛；学会阅读，走进书籍的奇妙世界；学会照相，把看见的瞬间美景定格为永恒的记录。把兴趣变为爱好，把爱好变成特长，有特长的人就是人才。树立远大理想是保持兴趣的持久力量。从爱阅读的兴趣出发，树立当一个作家的远大理想，就会自觉的不懈的把阅读保持下去。同样，由于对打乒乓球感兴趣，从而确立当一个世界乒乓球冠军的理想，就会把打乒乓球这项运动坚持下去，再苦再累也心甘，所谓乐此不疲。

10 态度决定一切
ATTITUDE DETERMINES EVERYTHING

我十分欣赏的一句格言是：态度决定一切！"天下事有难易乎？为之，则难者亦易矣；不为，则易者亦难矣"。为与不为就是态度。愚公移山，并不是真的要把门前的两座大山移掉，大山象征困难，只要有愚公挖山不止的精神，任何困难都可以克服。所以愚公移山讲的是面对困难的态度。孟子《学奕》讲了弈秋教两个人学围棋的故事，其中一个人"专心致志，惟弈秋之为听"，另一个人"虽听之，一心以为有鸿鹄将至，思援弓缴而射之"，所以学习的效果天差地别。这个故事说的是学习必须专心致志，不可三心二意，集中注意力就是面对学习的态度。曹冲称象，司马光砸缸，说的是面对问题，态度积极的人总会想出办法。正面的积极的态度是引导人生走向成功的精神力量，而负面的消极的态度，则是一个人沉沦的原因。学习的过程也可以看作是解决一个个困难的过程，学习愚公挖山不止，顽强的毅力是学习的精神动力；学习围棋的好学生专心致志，集中注意力是学习的前提；学习曹冲、司马光遇到困难不畏缩设法解决，方法永远是提高学习效率的金钥匙。正确的学习态度不是天生的，需要父母正确的教育引导。

父母是孩子的样子，孩子是父母的影子。榜样是无声的教育也是最有效的教育。教育的最高境界是自育。自我教育的自觉，童年时期主要来自对父母的模仿。所以，孩子的态度是否积极取决于父母的态度是否积极。面对生活中的困难，父母以怎样的态度对待，面对学习和成长中的困难，孩子就会怎样对待。我自己在学习的时候一旦累了苦了，想起母亲煤油灯下缝补至深夜一声接一声的咳嗽，风雨中背负远超体重的柴禾踉跄前行的身影，文革中一个瘦弱的目不识丁的农村女人拉扯一家六口人的坚强，我自己学习的这点苦累算得了什么。除了做最好的自己，父母也要懂得如何教育引导孩子做一个善于克服困难，永远力争上游的人。英国前首相撒切尔夫人的父亲是一位教子严格的人，自小就要求孩子无论做什么事情都要力争一流，永远做在别人前头，而不能落后于人。他有一句教子名言："即使坐公共汽车你也要坐在前排。"他从来不允许女儿说"我不能"或者"太难了"之类的话。对于年幼的孩子来说，他的要求可能太高了，但他的教育在以后的年代里被证明是非常宝贵的。在以后的学习、生活和工作中，她时时牢记父亲的教导，尽自己的努力克服一切困难，做好每一件事情，事事必争一流，以自己的行动践行着"永远坐在前排"。她不光学业优异，体育、音乐、演讲也出类拔萃。1979年当选英国首相，雄踞政坛十一年之久，被世界政坛誉为"铁娘子"。无论做什么事情，你的态度决定你的高度。"永远要坐在前排"就是一种积极的人生态度，激发你一往无前争创一流。有了这样的态度，不管是学习还是生活、工作都会创造别样的精彩。

　　有了积极的态度，还要有正确的方法。坐在同一个教室，听同一个老师的课，用了相同的时间，学习的效果天差地别，其原因最主要的是学习方法。对于方法，我的主张有两点：一是要有方法意识，无论学习什么，都要注意总结规律掌握最快到达目标的路径；二是要总结适合自己的方法。世界上关于方法的论著汗牛充栋，然而适合自己的有效方法却总是鲜有。所以，自己总结的方法才是有效的方法。比如记忆、口诀、谐音、形象、思维导图等，被称为放之四海而皆准，但对于我来说，联想记忆是我自己总结的最有效的方法，几十年来不断使用不断完善，屡试不爽。

　　最后，我想说：在这个世界上，想坐前排的人不少，真正能够坐在"前排"的却很少。很多人之所以不能坐到"前排"，是因为他们把"坐在前排"仅仅当成人生理想，而没有实现理想的行动，行动才是最好的态度。

11 从爱狗到爱读书
FROM LOVING DOGS TO READING BOOKS

两年前，有家长对我说："他上二年级的孩子死活不爱读课外书，为此想尽了办法，就是不行。"

我问他："孩子最喜欢什么？"家长告诉我，孩子最喜欢狗，缠着他们买狗已经一年多了。那好，咱们就从狗出发。我告诉他们一个一年计划：设法买能够找到的有关狗的绘本，有关狗狗的科普读物，告诉孩子，你不是喜欢狗吗，咱们先来了解狗，等你把这些书看完就买，否则狗狗就不买了。这个时间长短视能买到的书和孩子的阅读兴趣与速度确定。到了书全部看完，甚至每本书看了两三遍，一定到市场买一个孩子喜欢的狗狗，不可借故失言。买到狗后，再买如何喂养、清洁、预防疾病的书。告诉孩子，你喜欢狗就要照顾好它，就像父母养育孩子一样。接下来再买以狗为主人公的故事，或者与狗有关的小说、童话故事。这一年的时间全部围绕买狗，读有关狗的书。延伸阅读还可以再买与狗相关的以狼为主角的书，书中有狗和狼的书（去图书馆借最好）。总之，是引导他读与他兴趣有关的书。我的思路是从孩子最喜欢最感兴趣的事情出发，引导他坐下来读书，养成读书的习惯。我始终认为

读比不读好，读的兴趣与习惯比读的内容更重要。首先是开卷，把目光，把注意力吸引到书上，才会认识到书是一个包罗万象的广阔世界，其中有我们感兴趣的一切，我们所有的疑难都可以从书中找到答案。然后才会习惯于到书中去寻找自己感兴趣的东西，到书中去寻找乐趣，到书中寻找各种问题的答案，也才会习惯于看书、爱书、爱读书。

回到那位家长的孩子，时间已经过去两年，情况如何？期间有很多曲折，这个过程写出来就是一个引导孩子爱书爱阅读的曲折复杂的故事。结果是，这个孩子现在不爱养狗了，就爱读书。狗狗送人了，家里依然有很多关于狗的书，各种品种的狗书。他喜欢在书中爱狗了，这既满足他的兴趣，还省了许多麻烦。读的内容也从狗延伸到人，而且更喜欢人的故事。无论怎样，不爱读书的问题解决了，下一步引导他读有益的、有用的书就变得简单许多，也许根本就用不着家长操心，他自己就会去寻找。这个孩子给我的启示是：兴趣是一切爱好的出发点，家长的坚持是实现目标的关键。

坚持尊重孩子兴趣的理念。我们说人有

生趣，其中就包含他对某一事物具有极大的浓厚的兴趣并愿意为此付出时间精力，乐此不疲。由此看来，兴趣是人生幸福的重要内容，尊重兴趣其实也是呵护孩子的幸福。坚持从兴趣出发引导孩子走向家长希望的目标。爱狗和爱读书似乎是风牛马不相及的事，但是只要以尊重为前提，坚持从兴趣出发的理念，就会找到联系点。内容与狗有关的书，就是这两件事情的联系点。坚持兴趣与习惯比内容更重要的读书理念。先解决坐下来读书，每天有两到三小时读书，是必须要达到的第一个阶段性目标，这个目标实现了，再进行选择内容的目标。让我们记住这样一句话：人与人的高下之分，不在一时，而在一世；不在开始，而在最后。最后我们是要培养一个有阅读习惯、喜欢书、爱读书的人。

无数事实证明：一个人只有对自己所做的事有足够强烈的兴趣，才能拥有一种坚韧不拔的精神，再苦再累也心甘。没有兴趣就没有一切。有了兴趣，创造力想象力以及取得的成绩，往往让人喜出望外。想想今天世界上最成功的那些人，他们所取得的成就有谁是被驱使被逼迫？培养读书习惯是这样，培养任何能力都是这样，古今中外，没有例外。

12

学会管理时间
LEARN HOW TO MANAGE TIME

时间是成就一切的土壤，时间对人生的重要不言而喻。可是，我们的时间在岁月的河流里消逝的悄无声息无影无踪，我们的时间在不知不觉中逃去如飞，最终是：我荒废了时间，时间荒废了我。李白"恨不得挂长绳于青天，系此西飞之白日"，"挂长绳"是诗人的浪漫，有效地管理时间，才是"系西飞白日"的方法。

不要拖。拖沓几乎是人类的通病，该按时完成的任务不完成，造成任务重叠，时间分配危机，心理焦虑。临近任务完成的最后期限，仓促应对，草草了事，使任务完成的质量大打折扣。今天应该做的事没有做，明天再及时的弥补都是耽误。临阵磨枪，被动挨打，何言取胜。学会按计划做事，区分事情的轻重缓急匹配时间，一个时间段只做一件事，是克服拖沓行之有效的方法。每一个人每天面临的事情都不会是单一的，往往是多重的，有时甚至是纷至沓来。俗话说："三件事临门先从紧上来"，说的是要学会区分事情的轻重缓急，重要的事情先做。先做不仅是顺序，更重要的是集中一个时间段集中精力完成一件事。要学会化整为零，无论多么重要，多么艰巨，多么庞大的任务，都是由一个个细小的事情组成的，把一件大事按主次划分成若干小的任务，匹配相应的时间去完成，保证在一个相对的时间段做一件事。区分轻重缓急，学会分解任务，匹配相应时间，既可以有条不紊地完成任务，更能够消解任务对人的心理压力。我的做法是每一个月的月初，对当月的任务进行一次规划，先在一张 A4 纸按照轻重缓急列出当月要完成的任务；然后在另一张 A4 纸上按照"思维导图"分解任务；再在另一张 A4 纸上按任务需要的工作量计算匹配时间。这样的模式每周一还要做一次本周的，每天早上在头脑里做一次当日的。为什么说匹配而不是分配？匹配既考虑事情的大小，工作量的多少，还要考虑任务的缓急，据此匹配相应的时间。有规划的做事，按预定时间完成，心中有数，有条不紊。

不要慢。时间是常量，对每一个人都是公平的。单位时间完成的工作量，称为效率。从效率的角度看，时间又是变量，因为相同时间完成的工作量因人而异，天差地别。有的同学一小时可以做十道题，有的连五道都做不了。效率是区别人与人能力高低的试金石。想要时间效益最大化，就得提高效率。

速度第一，是效率的关键。无论做什么事，用最少的时间完成，要成为至上理念。在学习方面，我认为相对于速度，对错、质量都在第二。方法至上，是效率的根本。一件事会有多种做法，所谓条条大路通罗马，但有一条一定是最短最省时间的。面对任务，首先要思考研究最优方法。注意力集中，是效率的前提。前面讲一个时间段做一件事情、速度第一都与注意力有关。精力充沛，是效率的物质基础。劳逸结合，动静搭配，就是为了保持充沛的精力。追求速度，其实就是追求方法、追求注意力、追求精力充沛、思维活跃，从而提高时间的利用率，实现时间效益的最大化。

要统筹管理好时间。仔细想想，每一个人的时间都可以分为两类：自己自由支配的时间；应对他人支配的时间。时间的潜力来自自由支配的时间，所以一定要把自己自由支配的时间列出清单，发现特点，找出规律，最大化利用。作为上班一族，上班时间我没有完整的属于自己支配的时间，所以我每天凌晨五点前起床，五点到八点三小时就成了属于我的自由支配时间，用来读书写作。每天上下班路上要四趟近两小时，这是我听书、听讲座的时间。看邮件、看信息、看微信包括回复，集中在起床和临睡前，避免时间被碎片化。家里水电煤气电视网络费一般一交三年（视具体经济状况而定），避免让此类杂事耗费时间。值得一提的是，我参加上级的会议、培训学习、听报告、听讲座等特别认真，精力集中，笔记详细。这样，我节省了专门学习文件政策的时间。统筹管理时间，就是设法扩大自由支配时间，合理利用分散时间，杜绝毫无意义地浪费时间。

鲁迅说：节省时间，也就是使一个人有限的生命更加有效，而也即等于延长了人的生命。

13
你是不是成天都在瞎忙
ARE YOU BUSY ALL DAY WITH NO CLUE?

　　经常看见身边的人忙忙碌碌，走路风风火火，说话句子成分残缺，双手打电脑，脖子夹手机，脚不停手不闲嘴不空，眼神迷离，面色菜黄，浑身上下疲惫不堪。你既不担任要职，又没有导弹发射任务，凭什么你就忙成那样？我怀疑你成天都在瞎忙！今天，我们就讨论一下瞎忙与高效的区别。

　　你是否有规划的做事？做事高效的人既有长期计划，又有短期安排，所谓长计划短安排。按照事情的轻重缓急匹配时间，有条不紊，忙而不乱。而瞎忙的人，既无计划又无安排，既无目标又无方向，兵来将挡，水来土掩，头痛医头，脚痛医脚，拿起东放下西，永远在救火，永远在忙碌。

　　你是否区分事情的轻重缓急按秩序做事？高效做事的人，无论多少事情临头，一个时间段只专注做一件事，而且把每天状态最好的时间给最重要的事。并且懂得取舍，果断舍弃低价值的事情，把有限的时间和精力用在最重要的事情上。而瞎忙的人什么时候做什么事完全随机无序，工作碎片化，时间碎片化，效果"破碎"化，一地鸡毛，焦头烂额。做事不分轻重缓急的人往往还是一个"自大狂"，盲目高估自己的能力，认为自己可以一心多用，多管齐下，同一时间干几件事。

　　你是否特别重视做事的方法？做事高效的人往往是方法至上的人，面对一件事总会反复思考研究最有效率的方法，选择最优方案。而瞎忙族则是风风火火，接到任务就干，只投入时间、精力，不投入思考与智慧，往往忙中出乱，要不方向偏，要不效果差，经常走在不是纠偏就是返工的路上。

　　你是否是一个来者不拒的老好人？做事高效的人懂的轻重，分清主次，在重要工作、分内工作没有完成的情况下，对于任何人的要求敢于说不，能够合情合理地拒绝。而瞎忙的人，无论有多忙，无论谁要求，都不好意思拒绝，有求必应，大包大揽，自己忙个半死，别人等的急死，最终事情没办好，人也得罪了。

　　你是不是对于不确定的未来总是充满无名的焦虑？现代社会时间节奏加快，空间变小，思想多元，选择多样，竞争激烈，未来有无数的不确定，没有定力的人，会惶惶不可终日。心不定，必然神不专，拿起这个放下那个，忙忙乱乱，毛毛躁躁，忙而无效，成天瞎忙。而那些做事高效的人与时俱进，注重学习，拥抱时代，引领潮流，工作就是享受，创造就是乐趣，神闲气定，忙而不乱。

你是不是以忙为乐？经常会听到周围的人说：我很忙，太忙了！没时间，没一点时间！似乎把忙碌当成炫耀的资本。有的人加班是常态：五加二，白加黑。以忙为荣，是瞎忙一族的思想基础，认为忙才体现了自己的价值。忙碌，尤其是瞎忙，其实是工作能力低、效率低的代名词。忙而不乱，忙而有效，举重若轻，张弛有度，既有忙碌又有闲适，既有紧张，又有活泼，才是工作的最好状态，更是人生的最佳境界。

瞎忙的人千万别是领导，这种人当了领导，就怕下属闲着，没事找事，有事滋事，只管布置事，不管落实事。对于上级要求，不分析，不筛选，不综合，不从实际出发，照单收，照单办。更有甚者，遇事不敢担当，今天调研，明天征求意见，左顾右盼，畏首畏尾，只听楼梯响，不见人下来。还有的领导做事美其名曰追求完美，主意一天三改，抓小放大，捡芝麻丢西瓜，细枝末节，反复琐碎，耗时费力，自己瞎忙，率领大家瞎忙，"辛苦一下，加个班吧"随口而出。做这样领导的下属，真是苦不堪言。

如果你成天瞎忙，不是自己的问题，就是遇上瞎忙的领导，但愿是前者，前者犹可改过，后者只能怨命。

KUNG FU IS BEYOND POETRY

功夫在诗外

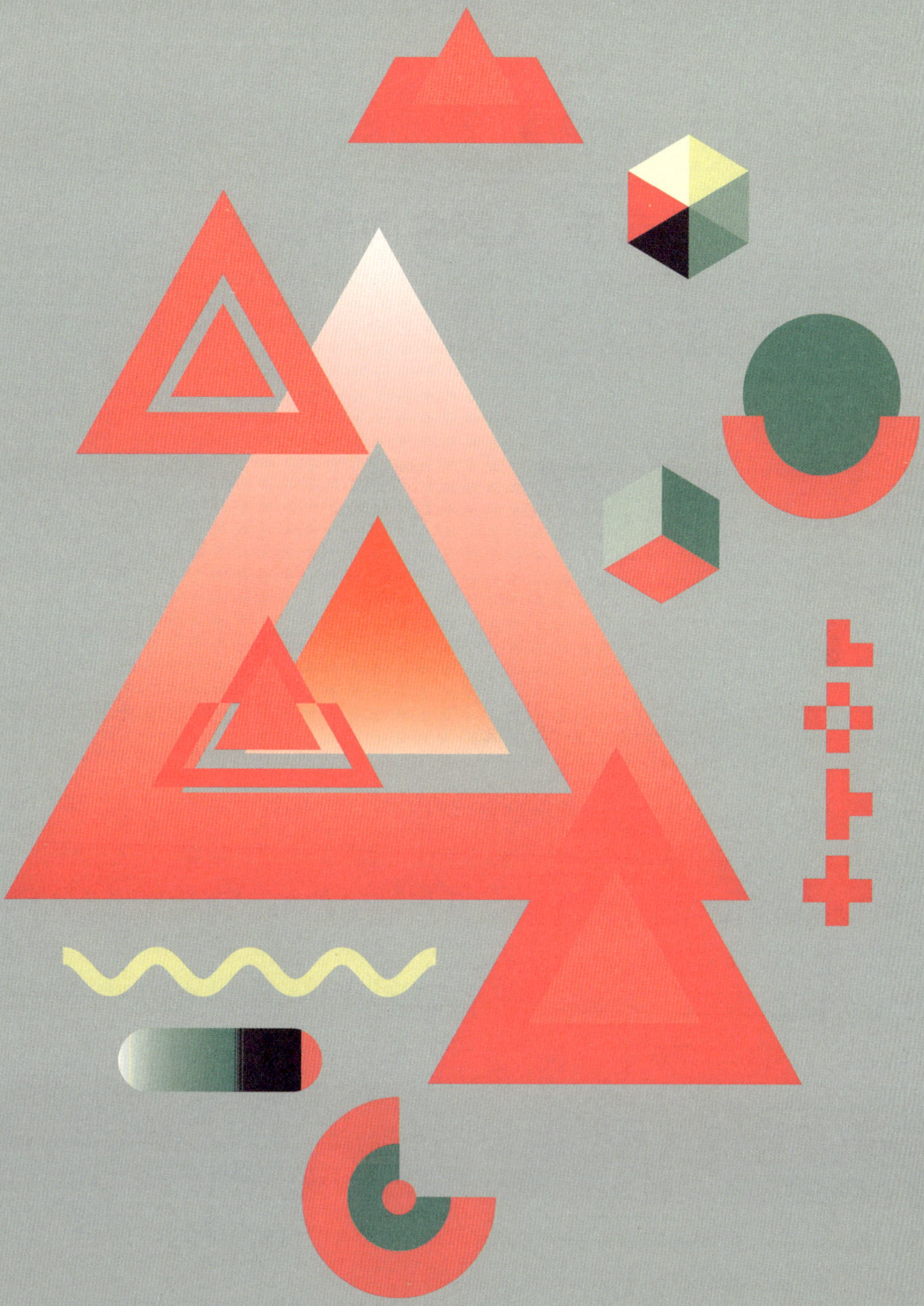

01

音乐 人类共同的语言

MUSIC, THE LANGUAGE OF CONVERSATION WITH GOD

侄女是音乐教师，很自卑，说自己是"小三门"（体音美俗称），是副科老师，被同事家长瞧不起。

我问她："学生喜欢音乐吗？"
她说："特别喜欢。"

音乐不仅孩子们喜欢，所有的人都喜欢，既然人人喜欢，说明音乐是人生的"必需品"，如果是必需品你能说它"小"、说它"副"吗？《毛诗序》说"情动于中而行于言，言之不足故嗟叹之，嗟叹之不足，故咏歌之，咏歌之不足故手之舞之足之蹈之。"《毛诗序》是中国汉代研究《诗经》的著作。"音乐表达的是无法用语言描述，却又不能对其保持沉默的东西。"这是法国伟大的文学家维克多·雨果说的。东西方相隔千年远隔重洋，对音乐本质的诠释却是惊人的一致：音乐是超过语言的表达方式。

宗教从诞生的那天起，似乎就没有离开音乐。走进任何一个宗教场合，你一定会听到别具一格的音乐，正是音乐仿佛让你走进一个神秘的心旷神怡的世界。上帝的庄严、神圣在音乐中塑造升华，信徒对上帝的崇敬、赞美、祈求通过音乐传达。音乐仿佛就是人与上帝对话的语言，也是人类共同的语言。

音乐在教育中的地位作用更是举足轻重，二千五百年前，伟大的教育家孔子就提出"六艺"的教学内容："礼、乐、射、御、书、数"，音乐位居第二。柏拉图为"理想国"制定的教育分两部分：音乐和体育。他认为培养一个绅士，必须有音乐文化素养。东西方最伟大的两位教育先贤，对音乐在人的教化上的重要作用，认识高度一致。因为音乐是牵引人由粗鄙走向高雅、由野蛮走向文明的看不见的绳索，是启迪智慧的清流。相对于其他艺术形式，音乐更能打动人的心灵，使人的精神得到洗礼和净化。

古今中外有很多伟大的人物都是音乐的"信徒"。孔子自己说"闻韶乐而三月不知肉味"，可见孔子是一个超级音乐发烧友。"曲有误周郎顾"说的是三国时期东吴周瑜不仅是军事元帅也是音律行家。唐玄宗李隆基因为爱好音乐，丢掉皇位，差点失去李唐的江山。魏晋名士嵇康临刑前索琴弹《广陵散》，激昂、悲壮的琴声，令围观者饮泣洒泪。琴毕昂首长叹："吾死不足惜，《广陵散》啊可惜要失传了！"把音乐看的比生命都重要，嵇康与《广陵散》一同成为千古绝唱。

西方哲学家笛卡尔、斯宾诺莎、莱布尼茨等都写过关于音乐的文章。叔本华、尼采、黑格尔都是酷爱音乐的人，叔本华擅长吹长笛，尼采以钢琴见长。尼采说过这样的话："在我听不到音乐的地方，一切对我来说都是死寂的。"也许，音乐对于哲学家来说是最好的镇静剂。

科学家中爱好音乐的人更是数不胜数。最典型的是爱因斯坦，他会弹钢琴拉小提琴，有很多人以为他是一个出色的音乐家，音乐赋予了他更多的创意和感觉。我国著名物理学家钱学森音乐造诣甚至不逊于专业，他会弹琴，听音乐是最重要的休闲方式。他说："音乐里所包含的诗情画意和对人生的深刻理解，丰富了我对世界的认识，学会了广阔的思维方法。是音乐让我避免死心眼，避免机械唯物论，想问题更宽一点、活一点。"

可见，把音乐仅仅看作是娱乐休闲是多么的短视偏见，把音乐看作教育中的"副科"对教育的真谛岂止是不解。音乐不仅是素质教育最重要的途径，更关乎人的幸福。你无法想象你的生活中没有音乐，欢乐如何抒发，痛苦如何表达，寂寞如何慰藉，焦虑如何安静，庄严的仪式如何衬托，欢庆的气氛如何渲染。从生到死伴随我们的音乐随手拈来，婴儿时有《摇篮曲》，少年时有《花儿与少年》，交友时有《高山流水》，恋爱时有《梁祝》，忧伤时有《二泉映月》，高兴时有《步步高》，告别人世时有《哀乐》。这还是中国，全世界的音乐作品加在一起，说我们生活在音乐的海洋一点不为过。

音乐，关乎素质，关乎智慧，关乎幸福。

02 体育 承载的不仅仅是健康
SPORTS, CARRYING NOT ONLY HEALTHY

体育，可以强身健体，有利于人的健康，尽人皆知，可是并非尽人皆做。有过体育锻炼经历的人都知道坚持实在太难。任何一项体育锻炼项目只要长期坚持，一定会有效果，最简单的比如走步。对于大多数人来说，能够坚持的秘诀是什么？兴趣。走步这样简单的运动人们坚持不下去的原因就在于太枯燥，没意思。完全靠意志支撑下去的事，首先必须具有顽强的意志，其次要有强大的动力。意志是一个奢侈品，不是谁想有就有，体育锻炼与健康的关系如聚沙成塔都需要时间的积淀，非迫在眉睫，用不着逼自己。当然，如果健康威协生命，活命就成了体育锻炼的强大动力，另当别论。正是为了解决兴趣问题，人类智慧的先祖发明了游戏，既满足了人类爱玩的天性，又实现了强身健体的目的，可谓一举两得。解决了兴趣还要注意方法，且不说竞技体育过度训练导致的身体损害比比皆是，就是"玩"也不能"瞎玩"，简单如走步都有所谓的"暴走"导致膝关节损伤，有人打网球打成"网球肘"，有人练气功走火入魔等。如果是为了提高体育竞技水平，科学的方法就更为重要。任何运动，方法是前提，适度最重要。方法正确，兴趣浓厚，不能吃苦，也不能达到体育锻炼的目的。有人把体育锻炼俗称"出汗"，也可以说好的身体是"汗水浇灌"的，高超的体育技艺是蘸着汗水磨砺出来的。由此可见，无论是为了锻炼身体，还是为了提高赢取对手的技艺，体育有四个基本要素：浓厚的兴趣，科学的方法，顽强的意志，艰辛的汗水。仔细想想，一个人要干成任何一件事，干好任何一件事，不得具备这四个要素？体育四要素也是学习四要素，成才四要素，实现理想的四要素，走向成功的四要素。体育承载的岂止是健康！

打乒乓球是我酷爱的体育运动，十四岁上初中后才第一次看见乒乓球，一见钟情。石头案子砖头网子木头拍子，没有教练，甚至不懂规则，不要说科学的方法，就没有方法，只有满腔热情一头汗水。当我懂得乒乓球应该怎么打时，自己练下一身毛病，再高明的教练也纠正不过来，所以打球水平始终处于末流。也参加比赛，输多赢少，屡败屡战。战斗原则是：向水平远高于自己的人学习，设法战胜水平稍高于自己的人，坚决赢取水平相当的人，尊重水平不如自己的人。总结失败的经验，感悟到体育比赛战术比技术重要，心理比战术重要。战胜对手一靠技术二靠智慧，更要靠心无旁骛的定力，还要靠抵御压力克服困难的意志，要靠的东西实在是太多！竞技运动绝对是聪明人的运动，比技术，比心态，比意志，更多的是比智慧。在体育运动中获得的方法智慧，特别是艰苦奋斗的精神，顽强拼搏的意志，对于人的一生都是宝贵的财富，"迁移"到什么领域都可以走向成功。打乒乓球还使我领悟到，运动是调节人情绪最好的方式，投入运动，赢一个球大笑，输一个球大叫，物我两忘，万念俱消。爱运动的人，阳光开朗，身心愉悦，不会抑郁。

独生子女最大的问题是"独"，孤僻不合群，胆小怕吃苦。每当有这样的家长咨询，我都会建议参加一项体育运动。法国伟大的思想家、教育家卢梭说："为了使他有坚强的心，就需要使他有结实的肌肉；使他养成劳动的习惯，才能使他养成忍受痛苦的习惯；为了使他将来受得住关节脱落、腹痛和疾病的折磨，就必须使他历尽体育锻炼的种种艰苦。"体育是治愈孤独、懒惰、胆小、抑郁的良药。最好是培养儿童参加集体性体育项目兴趣爱好，如篮球、足球。参加这样的运动，除了具备前面说的好处外，可以培养与人合作的精神，可以交到好朋友，"球友"无论是对手还是队友，往往可以成为生死契阔的知己。中国是体育大国、强国，但在集体项目上又是小国、弱国，足球比赛输给战火纷飞的叙利亚小国，让人家踢的跟头把式。唯一可以解释的原因就是合作意识、合作精神都不行，因为足球虽然表现的是一个人进球，但场上的另外十个人都在为这个人进球服务，每一个球员的位置都很重要，

不懂得合作，没有奉献精神，不能甘当无名英雄，不可能取胜。不能吃苦，没有敢打敢闯的劲头，也不会成为好球员。当然，我所说的体育锻炼首先是以强身健体愉悦身心为目的，做竞技运动员需要天赋，没有天赋，体育四要素全部具备也不一定能当好运动员。

体育是健、力、美三维一体的组合，体育还可以帮助儿童认识人性的美，人体的美。俄国诗人马雅可夫斯基说"世上没有比结实的肌肉和新鲜的皮肤更美丽的衣裳"。人在体育中表现的昂扬斗志、拼搏精神会激励儿童萌生英雄气概，体育运动展示的精湛技艺优美体态会引导儿童树立健康的审美观，体育运动洋溢的"更快、更高、更强"的理念能够影响儿童追求卓越。

方法、兴趣、意志、艰苦、智慧、心态等，这些不就是那个叫"情商"的东西吗？所以蔡元培先生说："健康人格，首在体育。"在人格的培养上，第一选择是体育。

03

绘画 窥望天堂的一扇窗
PAINTING, A WINDOW AT THE HEAVEN

　　仔细想想，在所有艺术门类中，你发生兴趣并立即投入行动的也许只有绘画。一次我到朋友家，一进家门，被满眼的图画惊了一跳！他家不满四岁的孩子把他手臂能够得着的墙壁画满各种各样的图画，有简笔，有彩色，有人物，有山水，还有花鸟、动物、车辆等，应有尽有！我出生在农村，没有朋友的孩子这么大的福气，有单元房洁白平整的墙壁可画。但是，农村到处有平整光滑柔软的土墙壁，现在想想，我在那些墙壁上真是没少"创作"，村子里的每一个孩子都是艺术家，有的画连起来居然有了故事情节，还是集体创作。现在我知道，上面说的所有这些所谓的绘画艺术行为，有一个学术名称叫作：涂鸦。而每一个真正的绘画大师都是从涂鸦开始的。再往远说，正是涂鸦孕育了人类的表意文字，特别汉字，是从象形字起源、演变而来。"象形者，画成其物，随体诘诎，日月是也"（《说文解字》）。就是说象形字是把具体的物体以绘画的形式表现出来，形成文字，例如日月二字就是象形字。人类喜欢涂鸦的"病根"由来已久。那么，绘画对孩子有什么好处？

　　绘画，是儿童宣泄情绪最雅致最有益的方式。需求的无限与满足的有限，是人与客观世界最大的矛盾与冲突，而这个矛盾从人的婴幼儿期就开始了，要命的是"客观世界"根本搞不清楚儿童有多少需求、哪些需求。儿童宣泄不满情绪的方式有种种，如哭闹、乱扔东西、撕咬大人等。父母要理性地认识到孩子有宣泄压抑情绪的需求，并且懂得寻求宣泄的渠道和方法。儿童绘画根据年龄段划分为三个不同期：涂鸦期、象征期、写实期。儿童绘画涂鸦期，本质是玩，是游戏，是最自由、最直接、最便捷的情绪表达方式，心理学家认为，如果孩子涂鸦的线条生硬、混杂、颜色暗淡，说明孩子情绪不良，如果孩子涂鸦线条柔和、丰富、颜色明快，说明孩子情绪良好。在儿童不能用语言表达内心情感的时候，把自己对外部世界的感受通过涂鸦表达出来，内心复杂的情感通过手脑并用的绘画活动宣泄出来，是自我调节、平衡心理最好的方式。而这种游戏方式不同于其他游戏的好处在于：潜移默化地培养孩子认识美、感受美、创造美，净化精神世界，完善人格。

绘画，是培养观察力、记忆力、想象力和创造力最好的手段。儿童绘画的特点就是依靠表象来作画，而表象取决于感知，感知来源于观察、记忆和想象。可以说，观察是绘画的开始，绘画是观察的结果，无法想象没有细致入微的观察能有活灵活现的刻画。按顺序观察、典型特征观察、比较观察以及追踪观察，在语文课上反复讲经常讲，学生就是学不会，而有绘画爱好的孩子，这些观察能力几乎是无师自通。看一眼就能画全貌是画家特有的记忆本领，这是绘画手、眼、脑并用，左右脑协调，抽象思维形象化这种特有的活动方式训练出来的，绘画能够提高记忆尤其是记全貌记整体的能力。没有想象就没有艺术，没有想象更没有绘画，认为绘画是对客观事物的如实描摹，那是照相而不是绘画，绘画一定有作者的主观感受。齐白石的名画《蛙声十里出山泉》，水中只画了六只顺流而下的蝌蚪，但画面中藏在十里青山中的蛙声如在耳边。没有丰富的想象力，不要说有如此奇妙的构思，就是别人画出来，你也领悟不了。当儿童涂鸦的时候，长胡子的太阳，拿气球的兔子，会唱歌的花儿，正是想象力无拘无束疯狂生长的明证。明朝大画家徐渭的诗"莫把丹青等闲看，无声诗里颂千秋"，说的就是绘画无限的想象力创造力。心理学研究证明，人的大脑创造力形成的过程是：观察—记忆—思考—创意—表现。这不就是绘画的全过程吗？尤其到了绘画的创作阶段，完全是按照这个模式来的。所以，激发儿童绘画的兴趣，鼓励儿童学习绘画，不仅仅是在学习一项技能，更重要的是开蒙启智，训练综合能力，提高综合素质。

绘画，是训练儿童长一双发现美的眼睛。人们常说，生活中不缺美，而是缺发现美的眼睛。人对美的爱是天生的，但发现美

的能力却需要后天的培养。绘画活动中对描摹对象的选择，构图、色彩、表现形式，无不与审美因素有关，长期熏陶，耳濡目染，见人所未见识人所未识的审美能力，就成为本能。儿童眼睛里经常看到的是美的东西，体验到的是审美愉悦，一定会健康成长，人格完美。

　　绘画，是培养儿童宁静气质最好的活动。无论是临摹还是写生，或者创作，一幅画从始至终一般至少要一小时以上，有的要几天甚至时间更长的坐下来一动不动一丝不苟的去完成。没有浓厚的兴趣，持之以恒的毅力，气定神闲的定力，实在是难以坚持。因为难，所以走在绘画路上的人满为患，到达成功山顶的人迹罕至。我只能说绘画真的是完美儿童人格，培养儿童综合能力，提高儿童综合素质，一个最好的途径和手段，这个"最好"能被多少人认识与坚持，我一点也不乐观。

　　绘画，往往是人类的智者为我们描摹的天堂，天堂是仙境，仙境就是画境。每一幅画都是天堂的窗口，经常站在这个窗口前窥望，不在天堂犹在天堂。

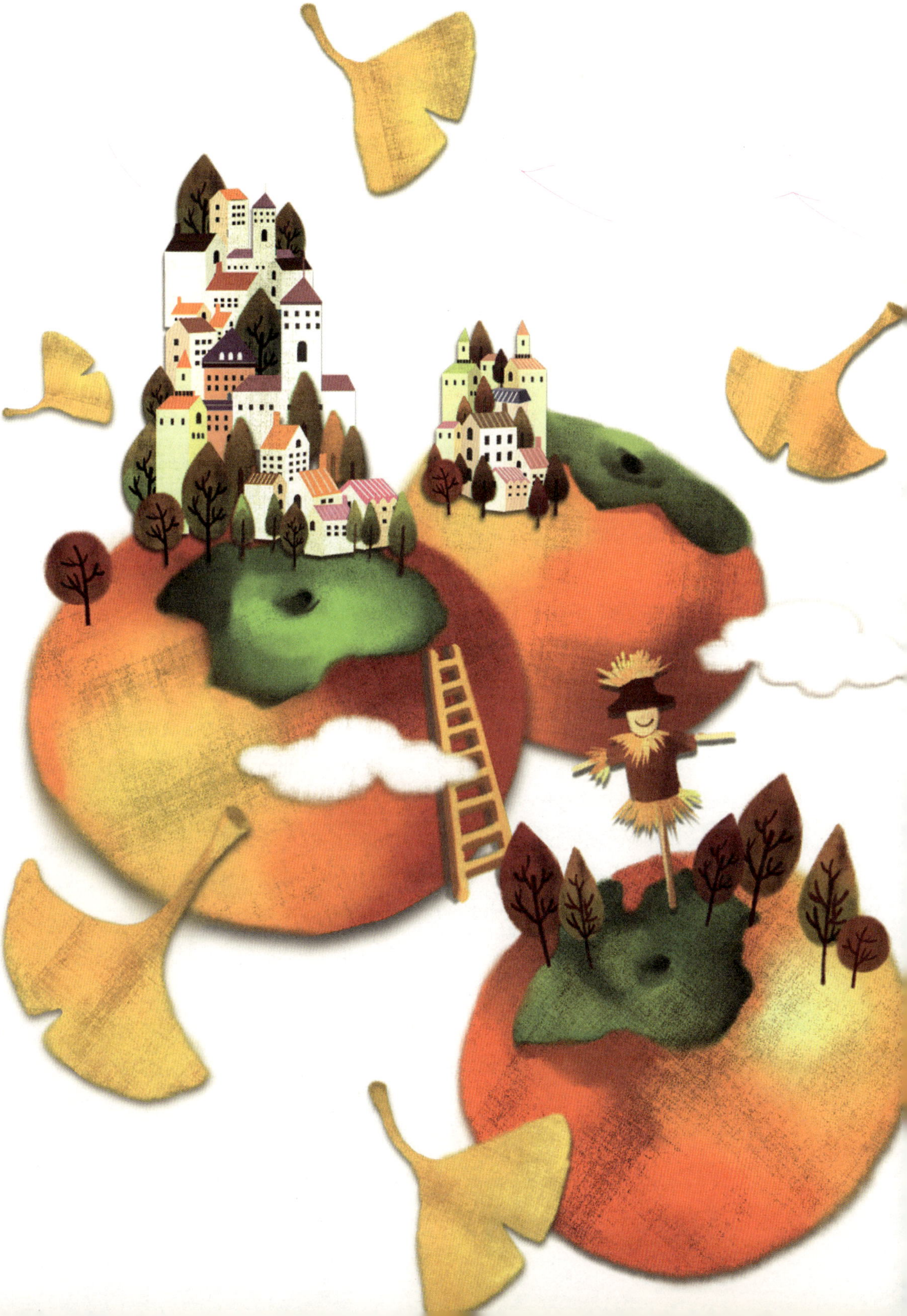

04

旅行 不仅仅是行万里路

TRAVEL IS NOT JUST ABOUT WALKING MILES

不知谁说的这句话："要么旅行，要么读书，身体和灵魂必须有一个在路上。"灵魂上路不易做到，身体上路简便易行，所以节假日拥堵的路上，许多是带着孩子的身体旅行的父母。我这样调侃似乎不支持父母这样做，其实我想说的是如果想让"行万里路'与'读万卷书"获得同样的效果，不能盲目上路，否则走再多的路也是一个邮差。

现在有"旅游攻略"一说，关于这方面的书也很多。我的建议是，当我们确定带孩子去某一个地方旅游，不妨让孩子做一个"旅游攻略"，内容包括：地理位置、气候状况、历史沿革、风土人情、景区景点、特色特产、交通酒店、日程安排。每一项内容要求二百字，如果孩子编写的兴趣浓厚，任其发挥，编成一本小书更好。未到目的地，对这个地方的研究已经胸有成竹。如果是初中以上的孩子，最好订机票、火车票、订酒店、旅行社之类的事都由孩子完成。做"旅游攻略"之类的事前功课，既可以激发孩子对即将要前往的旅游目的地充满好奇与向往，又可以对目的地深度了解，制定"攻略"的过程就是学习研究的过程：对象、对象的背景、对象的特点、了解掌握对象的最佳方法途径。只不过这里研究的对象是即将旅游的目的地。

一旦上路，游玩就是主题，千万不要搞成露天教学。把与孩子一起旅行当成一段互相亲密的陪伴，一次人间美景的共享。无论家长想让孩子有怎样的收获，玩是主题，牢记寓教于乐，把对孩子的培养变成不经意的要求。千万不要把原本快乐的旅程变成互相折磨的长路。

游览任何一个景点无非是"看""听""想"，即看到了什么？听到了什么？想到了什么？看的时候，看大家都能看到的东西，这是大家都喜欢这个风景的原因。还要有意无意地引导孩子看大家看不到的东西，即这处风景的独特性，培养细致入微的观察能力。听，不仅是听导游的讲解，还要听游人如何说，听一起的爸爸妈妈怎么说；想，是联想，发挥想象力，把看到的景点与已有的知识嫁接。假设到黄山，怎么引导孩子看、听、想。人们说黄山归来不看山，说的是黄山独一无二的秀美，怪石、奇松、云海、温泉为黄山四绝，人人能看到，置身其中，美的熏陶润物无声。从大家都能看到的景物中你能看到什么独特的东西？这是培养观察力、想象力的关键。这种独特不强求一律，完全从孩子的个性出发，千人千面，仁者见仁，智者见智。我看黄山，黄山所有的灵性来自松树，迎客松、连理松不用说，试想仙人指路、梦笔生花、卧云峰、始信峰等景点如果没有松树点缀，何来生机？何来灵性？再看松树生长的地方，以石为母，顽强地扎根于巨岩裂隙，有的循崖度壑，绕石而过，有的穿罅穴缝，破石而出，或悬、或横、或卧、或起，"无石不松，无松不奇"。奇松是怎么形成的？为什么可以在没有土壤的岩石中生长？这既是要想到的也是重点要听的，如果导游不讲，父母就要迅速查找这方面的知识，给孩子讲解。联想更为重要，为什么中国人喜欢用松树来比喻人？说人有意志、有品格就是有松树的风格，"岁寒而后知松柏""立根原在破岩中，任尔东西南北风"，都是说松树的。松树的风格是什么？再进一步还可以引导孩子思考中国人为什么用植物（如松柏梅兰竹菊莲）来比喻人？

每天晚上回到酒店把看到、听到、想到的写下来，就是很好的游记。写在本上也行，写在电脑、IPAD、手机上都行，喜欢拍照配文字发在微信朋友圈也好。只要有记录意识，有分享意识，就会是一个旅行中的有心人。审美意识，知识积累，自然会潜滋暗长。

THE ART OF LOV E
爱的艺术

01 学会爱很重要

IT'S IMPORTANT TO LEARN TO LOVE

不要以为爱是本能谁都会，能爱和会爱真是天壤之别。要不然，怎么会有30%的离婚率？就是说十个人中有三个人爱了不该爱的人，爱错了，爱失败了。也难怪，造物主设计就有问题，在人不懂爱、不会爱的时候偏偏让人去爱。在人一生的选择中，我想不出还有什么选择会比选择一个终生伴侣更为重要，而这样一个至关重要的选择，恰恰是要人在既无知识准备又无人生经验的时候完成，在最不具备两性经验的时候，进行爱的实践。正因为如此，有太多的父母奋不顾身冲进孩子的爱的世界，横加干涉，实在是自己的教训太深刻的缘故。扪心自问，父母会爱吗？懂爱吗？所以无论父母还是孩子，学会爱，很重要。就是不会，也不要掉进爱的陷阱。

一见钟情是陷阱。没有比一见钟情更美妙的爱情了！可是，大多数人没有理性地去想清楚，为什么会一见钟情？人可以简单地分为动物性和社会性，身材相貌气质属于动物性，智慧学识、家庭教养、阶层地位属于社会性。"一见"能见什么？不就是身材相貌气质吗？所以一见就钟情，"钟"的是人的动物性，是人的动物本能。爱情，最容易被本能误导，因为爱情的深刻基础其实就是动物性，动物延续种属的本能。动物性就其本身而言，并不需要选择特定的异性对象。换句话说，只要能满足欲望，延续种属即可。性爱中的动物性，是一种盲目的、无目标的内在力量。而由爱情到婚姻，是人与人的相处，是智慧学识教养世界观的交流、融合、碰撞，是同一阶层的选择，是人的社会性在主导。一见钟情往往以貌取人，健壮英武的男性一定是女性追逐的对象，柔美漂亮的女性则是男性所好。没有最好只有更好，易变多变不断选择更好，是物竞天择的进化规律，这就是一见钟情不能善终的原因。导致悲剧的事例不胜枚举，可是人们总是前赴后继飞蛾扑火，也难怪，动物性是人性的本能冲动，具有原动力，而社会性却要教育才能获得。作为父母要做的事，第一要有正确认识，自己的孩子就是一个"小动物"，具有动物的一切本质属性，性征变化，异性吸引，都很正常，没有或者不按时来，反倒成了生理缺陷。第二要学会引导，教育孩子学知识爱科学，走正路做好人，让知识教养战胜本能，通过努力改变阶层，做一个"三观"正确的文明人。当然，父母自己首先得是一个文明人。

追逐明星是陷阱。迷恋明星几乎是这个时代的社会病，你看看网上，再看看那个所谓的"情人节"，一片喧嚣！什么"我好喜欢宋仲基啊！我想给你生孩子"！什么"林志玲我好想和你睡"！低俗露骨。最奇葩的是几年前令舆论哗然的甘肃女孩杨某，16岁初恋刘德华，中学没毕业就辍学专职追星，痴迷刘德华13年。追星，是典型的"单恋"，注定不会获得回报的爱情幻想。爱情的本质是渴望回报的，是双方共同演绎的童话故事，"单恋"从产生的那一天起就缺席了一方，无法回报，不可能回报，绝望就成了必然的结果。追星是这样，单恋生活中的某一个人也是这样。本质上，单恋是人的社会性的巨大差异造成的。人的动物性驱使人爱上一个理想的性爱标本，但是杨某和刘德华之间存在多么大的社会差异！全世界的人都能看清这一点，唯独本人看不清，悲剧注定要发生。所以，爱情悲剧表面上看是情感原因，实质上是认识水平，是对爱情对婚姻对人生对社会本质认识的模糊甚至糊涂。而这样的悲剧，很难发生在有知识、有思想、有教养的人身上。避免这样的悲剧重复，唯一的办法就是培养孩子成为一个有知识的人，一个有认识水平的人，一个有人生智慧的人。

爱情必然走向婚姻是陷阱。不知谁说过一句"没有爱情的婚姻是不道德的"，后来干脆成了"不以结婚为目的的谈恋爱就是耍流氓"！把爱情与婚姻生生捆绑成必然的因果关系。其实，无论是爱情婚姻的起源，还是人的生存实践，都在说明这二者并不存在必然因果。人十一二岁就情窦初开，甚至更早。问问小学老师你就知道在小学五六年级有多少爱的死去活来的传说，初中更是早恋的主体，高中也没有因为高考的压力而阻止半明半暗的恋情。有专家追踪调查，高中以下恋人成为夫妻的不到千分之一，这还不包括暗恋和暧昧。不能简单粗暴地定义高中以下的恋爱就是瞎胡闹，要我说真正的爱情其实就在这个阶段。可是为什么真正的爱情一千对有九百九十九对走不到婚姻？因为，爱情只要有动物性就足够，身材相貌气质足以吸引，足以喜爱。而婚姻则更多的是社会性，学识教养，更重要的还有阶层，对拟任配偶未来的预期。想想爱情悲剧不都是因为阶层吗？梁山伯与祝英台，最具象征意义的董永与七仙女，等等。这些经典的爱情故事把拆散恋人导致悲剧的责任一股脑推给封建家长，实在也是千古奇冤，现实生活中能有几个这样的傻蛋？到一定的年龄，一定的认识水平，自己就确定了处于什么样阶层的人适合成为自己的配偶。一对中学恋人，一个考上了北大，另一个不要说考不上，即使考上内大，最终走到一起的概率有多大？恐怕又是一个千分之一。所以，父母要做的就是告诉孩子这个千分之一的概率，成为这个"一"有多难，也不妨早早地告诉他爱情和婚姻不是必然因果，最好把我讲的这番道理也告诉他，真相很残酷，但能惊醒梦。爱情她就是一个美丽的梦啊！要是能永远不醒也挺好。也不能说爱情必然就走不到婚姻，不是还有千分之一吗？

02 会教育从会爱开始
LOVE YOUR SON WITH YOUR OWN WAY

可怜天下父母心，爱孩子，中国人在世界上堪称第一。可是，伟大的作家高尔基说："爱孩子是母鸡都会做的事。"言下之意，爱后代就是一动物本能，会爱，爱的艺术才是人区别于动物的高明之处。

溺爱是最不会爱的爱。甘肃兰州女孩杨某迷恋刘德华，追星13年，直追到父亲跳海自杀。在这个悲剧中，女孩固然有错，但我以为杨爸爸溺爱女儿，纵容女儿是更大的错。为了女儿追星，杨爸爸卖掉唯一的住房，最后竟然卖掉一个肾！幻想破灭又跳海自杀，对刘德华以死相逼。整个过程对女儿的溺爱没原则无底线，近乎疯狂。有一句话我不愿意说出口：杨爸爸用溺爱毁了女儿终生幸福。杨爸爸是一个极端个例，但他折射出中国的爸爸妈妈溺爱孩子可以到什么程度。可怕的是，当下溺爱披上现代教育理念的外衣华丽登场。

赏识教育。不知道什么时候开始流行一句话：好孩子是夸出来的。于是，"你真棒！"成了父母的口头禅。我曾看见一个孩子把兔子画成了袋鼠，妈妈大声夸赞："宝贝，你真棒！"你的孩子的画不是好坏问题，而是对错问题好不好？像这样无原则无底线的夸赞，让孩子模糊了对错、好坏、美丑的标准，失去自知之明。须知，自恋狂、自大狂就是这样培养出来的。我赞成在孩子的教育成长过程中以鼓励表扬为主，但绝不是无原则、无底线。是善于发现孩子的长处，是对优点进步的肯定表彰，不是对缺点错误的掩盖甚至虚夸；是锦上添花，不是指鹿为马。而且，我始终认为惩戒是教育应有的手段，为错误承担责任，为失败承担损失，为过失付出代价，是人生的常态，是人应该具备的心理准备，更是一个人必须有的担当。因为惩戒，人才有所畏惧，才会慎重选择，正确选择。所谓成功就是不断正确选择的结果。

自信教育。中国人说：人无自信，百事不成。可见自信是成事的前提，成功必备的心理因素。于是乎关于培养自信的路子方法千奇百怪，有专家说，要大声喊：我能行！我真棒！一次到亲戚家做客，无论客人主人都把一个三岁的男孩子围在中央表演唱歌，孩子嗓音不全，歌也不适合，可是，不管好坏，一味鼓掌叫好。妈妈前仰后合拍视频，一会儿就发微信朋友圈，号召大家点赞。我自以为是一个教育工作者，善意劝孩子的妈妈,别把孩子像"小太阳"一样让大人围着,这样容易导致自我为中心的不良人格。"还专家呢,连培养自信心都不懂"半开玩笑半认真地调侃我。好吧,"专家"认为,自信的心理来自不断成功的经验积累,来自某一方面特长与他人的对比,当然也包含他人的赞赏肯定。不是浮夸的叫喊,更不是众星捧月式的过分关注。特别想强调的是,人只能在自己擅长的领域自信,万不可自信到觉得自己干什么都行。四川南充县委书记上台表演拉二胡,因为太难听,官都丢了。盲目自信的教训啊!

还有什么快乐教育、生命教育之类,无非是不让受气,捧在手心而已。接触过太多的家长,合格的家长出自两种人:一种是真懂教育,另一种是不识字,连教育这两个字也不敢说出口。更多的是:识字,读了几本家教的书,听了几场家教的讲座,养了一个孩子,就以家教内行自居,半瓶子水乱晃荡,着实让人哭笑不得。会教育,从会爱开始吧。

贵族教育。曾几何时,说"男要穷养,女要富养",穷养养志气,富养养贵气。既然富养养出贵气,"贵气"也不能是女孩的专利,这就男女孩都富养了。养着养着,"贵气"变成"贵族",富养养贵族!孩子要什么给什么,要多少给多少,有的孩子光是压岁钱就能上万!学校里小富翁比比皆是,什么零花钱,手一亮就是卡。刷卡这玩意就是有数字概念没有金钱铜臭,特别有利于培养"贵族"!可劲儿让孩子造钱的家长,不知道是否真正理解贵族的含义。在香港回归时降下英国国旗的查尔斯王子是一位真正的贵族,剑桥大学本科,达特茅斯皇家海军学院硕士。他爱好广泛,天赋过人,尤擅水彩画,他将业余画画已经赚的三百万美金,约两千万人民币,所有收入全部捐给慈善基金。有知识,有风度,有才华,有品格,有爱心,不爱钱,不奢侈,这才是贵族。能花钱,会花钱,挥金如土,就是贵族?"贵足"都算不上。

03 有一种爱叫远离

TOGETHER IS NOT THE HIGHEST STATE OF LOVE

"黏人"这个词过去是指孩子离不开大人，整天缠在腿边寸步不离。现在"黏人"这个词悄然转换了对象，变成大人离不开孩子，无法缠在腿边但必须常在眼前。

大人黏孩子表现在孩子成长的各个阶段。孩子三四岁了，还手里端着饭碗到处追着喂饭，五六岁还要替穿衣穿鞋，都要上幼儿园了不让孩子走出家门，不许孩子和别的小朋友玩。开始上学，许多妈妈就辞掉工作，成了专职陪护，除了不进校门，孩子的一日活动全部参与。也不能全怪家长，现在的小学，从入学第一天起，就建立家长朋友圈，每天在微信里表扬这个批评那个，给家长布置各种各样的"作业"。让无法成天和孩子黏在一起的家长苦不堪言。上初中高中，孩子的文化课许多家长拿不下了，重点关注的领域是防范孩子早恋，偷看手机、偷看日记、偷看朋友圈，与同班家长结成监控同盟，互通情报。一旦发现蛛丝马迹，如临大敌，千方百计，不择手段拆散破坏。

好不容易熬到上了大学，好多孩子报志愿先不管大学好不好，专业合不合适，只要离家远。无奈现在通信太发达，走在天边如在眼前，微信随时留言，既能语音还能视频。走在大学校园，几乎随时都能看见学生们边走边接听电话，常常会听到这样的话："妈，别说了，我这儿忙着呢！"那些国外读书的孩子，因为大多是租房单住，为妈妈黏孩子创造了便利条件，每天必视频。有那么多话说吗？因为好奇，我就此问题与一留学生交谈。基本固定模式：宝贝，今天好吗？干了什么？吃了什么？孩子的回答很简洁，接下来是妈妈对上述三个问题自己一天的活动事无巨细的描述，夹叙夹议夹联想，直到手机没电。耐心视频是对孝心的极大考验，在留学生中已成共识。

工作就业，结婚成家，这下无法黏了吧？不然，有些父母深度介入的能力令人惊叹！对孩子单位从人际到业务了如指掌，就是一个不挣薪水的编外员工。对小俩口婚姻家庭的介入更是理所当然。偶尔看过著名演员闫学晶演的不知是哪个电视剧里的一段视频，闫学晶扮演的母亲。儿子新婚之夜，母亲焦虑不安魂不守舍，一晚上借各种奇葩理由闯入儿子的洞房。搞得新娘子疑神疑鬼风声鹤唳几近崩溃。这是黏儿子落下病了，把母亲生生搞成第三者。戏剧有夸张，但艺术源于生活，现实中一定不乏这样的人存在。小俩口闹矛盾，原因千奇百怪，有一部分的原因就是父母黏孩子，把孩子搞成长不大离不开父母的"巨婴"，把父母的身份生生变成"第三者"。

父母与儿女是世界上最亲密最重要的关系，没有比骨肉亲情更深刻的爱了。遗憾的是，人们由于不会爱，把这种关系搞砸，甚至变成仇人的比比皆是。我建议年轻父母一定看看龙应台的《目送》，也许对如何爱孩子，任何处理好父母与子女的关系会有诸多启发。在《目送》中龙应台说："我慢慢地、慢慢地了解到，所谓父女母子一场，只不过意味着，你和他的缘分就是今生今世不断地在目送他的背影渐行渐远。你站在小路的这一端，看着他逐渐消失在小路转弯的地方，而且，他用背影默默告诉你：不必追。"也是在《目送》中龙应台说："有些事，只能一个人做。有些关，只能一个人过。有些路啊，只能一个人走。"不知道父母亲读了这样的话有什么感悟，儿女不是父母的私有财产，不是父母身体的一部分，更不是父母生活的全部。儿女是独立的个体，他有自己的爱好、思想、追求，有属于自己的独特的世界。养育他是爱，帮助他是爱，尊重他也是爱，或许是更重要的爱。

一位名叫贺春芳的母亲在她的诗里写道："我要告诉我的孩子／你们是这个世界上我最爱的人／我情不自禁忍无可忍地深深爱着你们／但是我明白／你们是妈妈身上分离出的独立生命体／我要懂得退出学会远离／我会伫立家门仰望你们飞翔的姿势。"伫立家门，仰望孩子飞翔的姿势是爱的最高境界。

04

自爱者人爱
LOVE CAN WIN LOVE

天下父母都希望自己的孩子是孝顺的孩子，懂得爱、会爱父母。而爱亲人是小爱，爱他人才是大爱、博爱，一个连他人都爱的人，一定会爱亲人。

爱他人，从善待万物做起。万物有灵，人是灵中之灵，人有责任呵护万物。我常常感动于婴儿对玩具娃娃的呵爱，眼神的纯净，拥抱的投入，抚摸的深情！感动于孩子和猫猫、狗狗的亲昵、和谐！感动于呀呀学步的幼童对花花草草由衷的喜爱！赤子之心啊！为什么走着走着，长着长着，有的人就丢失了初心，变成自私的、残忍的、可怕的野兽？不懂事的时候，残害小生灵取乐是原因之一。

我自己有一系列戕害小生灵的童年记忆，真是不堪回首。掏各种鸟窝，是我童年经常进行的一项游戏，村子里的孩子都这样，没有人告诉我这有什么不对。一个夏日的中午，我趴在饲养院的房檐上用一根圪针条掏麻雀窝，一双脚小伙伴扯着，半个身子探下屋檐，把圪针条伸进麻雀窝，里边的麻雀幼仔吱吱乱叫，头顶上老麻雀飞来飞去，拼命嘶叫，恨不得扑在我的头上撕啄。圪针条前端有刺，麻雀窝用乱麻布条鸡毛垒成，伸进去一转就拉了出来，正准备伸手抓窝里的四只雀儿，忽然看见母亲站在院子里怒目圆睁，手里提着一根柳条。手一哆嗦，雀窝掉在了院子里，四只还未长出羽毛的幼雀，一边吱吱乱叫一边挣扎，老麻雀围着幼崽，拃着翅膀尖叫。"小林，下来！"母亲叫我小名的腔调都变了，声音不高，却怒气十足，不容不从。尽管磨磨蹭蹭，我还是下到院子，还未站稳，屁股上就是一顿乱抽。我还没哭，母亲先哭了，她指着地上嘶叫的老麻雀说："儿啊，妈妈就是这只老麻雀！"一顿柳条，尤其是母亲的那句话，醍醐灌顶，打通了我与万物的界限。从那以后，我再也没有掏鸟窝，再也不玩戕害动物的游戏。善待万物，万物才会回报于你。这句话

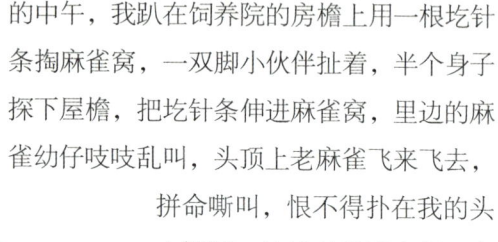

不是简单的投桃报李，而是说你有了善待万物的爱心，这颗爱心会给你带来运气福气，会带给你平安健康。一生无数次逢凶化吉，冥冥中总觉得是母亲教给的博爱救了我。善待万物，不是修养，不是宗教，是人格的底色，是一个人行走在世间始终不变的信念，是一个人懂得爱，学会爱的第一步。博爱，就是善待万物。

爱他人，要有一颗宽容的心。世界上没有完全相同的两片树叶，更没有完全相同的两个人，中国人有句俗话叫：一娘生九种。求全责备，往往是以自己的标准去衡量所有人，不合自己的标准，就看不惯，不顺眼。千人千样，是上帝的旨意，人没有权利忤逆，反对也无效。从孩子懂事起爸爸妈妈就要有意识地告诉孩子人和人的不同，人和人的差异，而正是人的不同、差异构成了丰富多彩的世界。能够看到人的不同，明白人有差异，我称之为上帝的眼光，有了上帝的眼光，就有了广阔的胸怀，有了广阔胸怀，就会宽容人。因为宽容，总能看到他人的优点长处，总能捕捉到他人施放的善意。因为宽容，就能容忍他人的不足，理解他人的苦衷，特别是容忍你付出的爱得不到回报。要知道，许多人不愿意爱他人，有一个重要的原因，就是常常付出的爱得不到回报，甚至恩将仇报。我资助过不少贫困大学生，至少有三十人吧，这些人至今没有一个与我联系，哪怕教师节发一个问候信息。起初，我对此也很在意，很难过，要知道，爱是渴望回报的。三十周年结婚纪念日，我给老婆写了一句话："老婆，谢谢你让我如此爱你！"写下这句话首先感动了我自己，是的，是老婆成全了我一生的爱。豁然领悟，爱他人，首先应该感谢这个成全爱的"他人"。给老婆的话可以说成：人们，谢谢你们让我如此爱你们！付出爱心，首先收获的是自己，首先回报的是自己，因为爱，我们对这个世界充满激情，对人充满信心，对生活充满热爱。爱出爱返，因为爱，会获得更多的爱。

爱，是照亮人生最温暖的阳光，有爱的人，不孤单、不寂寞、不沉沦。

05

珍惜羽毛 学会自爱
TREASURE FEATHERS, LEARN TO LOVE YOURSELF

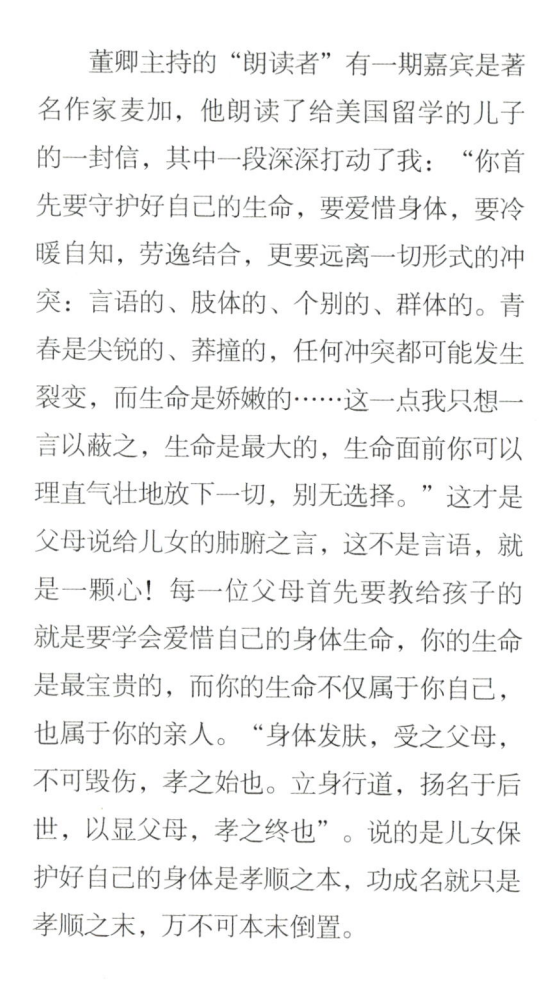

董卿主持的"朗读者"有一期嘉宾是著名作家麦加，他朗读了给美国留学的儿子的一封信，其中一段深深打动了我："你首先要守护好自己的生命，要爱惜身体，要冷暖自知，劳逸结合，更要远离一切形式的冲突：言语的、肢体的、个别的、群体的。青春是尖锐的、莽撞的，任何冲突都可能发生裂变，而生命是娇嫩的……这一点我只想一言以蔽之，生命是最大的，生命面前你可以理直气壮地放下一切，别无选择。"这才是父母说给儿女的肺腑之言，这不是言语，就是一颗心！每一位父母首先要教给孩子的就是要学会爱惜自己的身体生命，你的生命是最宝贵的，而你的生命不仅属于你自己，也属于你的亲人。"身体发肤，受之父母，不可毁伤，孝之始也。立身行道，扬名于后世，以显父母，孝之终也"。说的是儿女保护好自己的身体是孝顺之本，功成名就只是孝顺之末，万不可本末倒置。

上好生命教育第一课的老师是父母。我的大女儿小时候一听到送牛奶的叫喊，就赶紧跑到楼下去取。有一次却哭着回来，手里拿着摔碎的奶瓶，说是在楼梯上绊倒了。她妈妈一连声问"碰着你没？碰哪儿了？""只要你没碰着就好，牛奶洒了没关系！""女儿，以后一定要低头看路，不能碰着，尤其是膝盖，我女儿的膝盖以后有大用呢！"这一幕我记了二十年，当我写这篇短文时，栩栩再现。人大于物，身体比东西宝贵，汲取教训，孩子妈妈的生命教育做得好！2015年，我们一家在美国度假，全程由二女儿安排，在租车场结账还车时，女儿不小心把信用卡丢在收费台，到机场发现时，已来不及回去取。女儿紧张的都不敢告诉我们。下了飞机，没有信用卡取不出之前预订的车，而所有预订的行程都有了问题。女儿紧张的小脸红扑扑的，我告诉女儿，这算是一个人生的危机，你要做的是冷静地对危机进行评估，最大的危机是人的生命受到威胁，其他的都在其次。现在显然没有生命威胁，就是经济损失。那么化解危机的方案就是最大限度地减少经济损失。按照女儿的化解方案只多支出了大约五百美元，在租车场滞留了四个小时，算是这个失误应付的代价。但坏事里也有好事，锻炼了一次女儿应付意外的能力。

学会爱自己，要学会珍惜自己的荣誉。人生在世，一个好字难得。教育孩子，做成一个善良的人，一个公认的好人，是教育的成功，也是人生最大的成功。人的品德不是知识，靠说教，靠记忆，靠考试获得，品德是体验，品德是行动，品德是选择。我的母亲目不识丁，教育人的话完整的讲不出一句。但是她成功地把六个子女都教育得走正道做好人。记得有一次夜里村里人得急病，要抬到当时的公社医院，母亲就催促二哥快去，二哥当时十七八岁，并没有人叫。二十多里的山路，走了一夜，把人抬到医院，主家只顾救病人，也顾不了抬病人的人，二哥他们水都没喝一口就返回村里。二哥给母亲抱怨，母亲说："也不能说你白受苦，捞了一个好人的名声，好人也不是白当的。"一次我去地里割草，快到晌午渴的实在受不了，看到人家地里的蔓菁拔了一棵解渴。回到家说漏了嘴，让母亲知道了，非得让我把自家的三个土豆拿去给人家赔，因为我们家没有蔓菁。我嫌丢人不去，母亲就自己拿上走出大门。我只好自己硬着头皮去，到了人家连为什么去都说不出口，放下土豆就跑。后来读《论语》，看到"有耻且格"，就想起这件事。母亲的选择是：只能吃亏，不能占便宜；只能帮人，不能连累人；只能说别人好话，不能说人赖话。这么说吧，基本上是按傻子要求自己的孩子。而这个傻子标准，后来我有了点文化，发现和孔子关于君子的标准暗合。孔子说："君子怀德"，说的是君子要利人、利他，说："君子有成人之美"，说的是君子要帮助人。孔子说的君子就是我妈妈说的好人。不过，按我妈妈的要求，简单易行，好处让给别人，好事让给别人，好机会让给别人，不争、不抢、还不委屈。

珍惜荣誉，做好人还不够，还要做能人。能人是靠辛勤的汗水换来的，不是说有"一万小时"定律吗？就是说要在任何一个领域成为行家里手，必须付出一万小时的学习训练。若要人前显摆，必要人后受苦，说的也是做一个能人的不易。惟其不易，才显珍贵。好人、有本事，是行走在世间的万能通行证，多难的路，都畅通无阻。爱自己，不是使劲对自己好，把自己打造成人见人爱的人，才是更高境界的爱，真正的爱。

06
爱需要表达
LOVE NEEDS EXPRESSION

我的母亲去世有十年了,现在回想起来,最大的遗憾是：我从来没有拥抱过她,更没有亲吻过她。没有人教过我怎样表达对亲人的爱。也许有人会说爱是发自内心的、由衷的,不需要什么形式,这其实是一个误区,爱是最需要内容与形式的高度统一。我的大女儿已经结婚成家了,但是每次她依偎在我的身边,情不自禁地咬我的胳膊,牙齿传递的并不是疼,而是爱,我知道了世界上只有这个人她不在乎我的胳膊是干净还是不干净,就像她不在乎我好坏对错美丑有本事没本事一样,女儿的爱是无条件的。所以,学会表达爱,很重要。

把对亲人的爱说出来。"爸爸妈妈,感谢你们给了我宝贵的生命,让我来到这个美丽的世界；感谢你们给了我健康的体魄,让我享受这五彩的生活；感谢你们给了我执着的精神,让我勇敢面对挑战。""爸爸妈妈,你们放心吧,我会堂堂正正诚实做人,我会踏踏实实努力学习,我会勤勤恳恳造福社会。""爸爸妈妈,我的生命来自你们,谢谢你们含辛茹苦的养育,真心的感谢你们,下辈子还做你们的女儿！"做父母的,听了这些话,心底会有无边的潮汐涌起！可惜,以上的话都是来自文学作品,是作家觉得儿女应该表达给父母的话。孩子不习惯这样的表达,是因为父母不习惯,我们是一个不习惯把爱表达出来的民族。当然,爱是圣洁的字眼,挂在嘴边也会俗了她,但在一些重要的时间,关键的场合说出来,也很有必要,比如爸爸妈妈的结婚纪念日、生日,自己的生日、结婚典礼以及值得庆贺的日子。爱是渴望回报的,回报不仅仅是怎样做,也包括怎样说。

把对亲人的爱写出来。我小时候记忆最深的一件事是邮递员送来哥哥姐姐写回来的信,每当收到信,母亲就格外高兴,不让我们随便打开,她自己捧着儿子或女儿的信,仿佛牵着她孩子的手,去小学老师那里,让人家读给她听。去的路上她会走得很慢,只要遇见人,就会主动告诉人家："我们孩儿来信了！"那些信我也跟着母亲听过,都是报告他们做了什么，他们挺好，母亲不要担心，所谓的报平安，最后都会写一句："见字如面。"等到我在外上学，我知道信对妈妈的重要性，再忙每月也写一封，除了报平安，还会写嘱咐母亲不要太劳累，要保重身体，等儿子工作了，你就可以享福了之类，我能想象到别人把这些话念给母亲时，她内心的安慰和骄傲。遗憾的是，我从来没有写："妈妈，我爱你！"一来没有这样的表达意识，二来妈妈不识字要别人念，这样神圣圣洁的感情出自别人之口，会很别扭！现在，信这种形式基本上消失了。我对互联网一千个赞成，一万个拥护，但互联网让写信这种人与人沟通极好的形式消亡，是互联网千好万好中最大的不好。我们曾经读过多少承载深情的信啊！不能写在纸上，写在短信息里，写在微信里也行。我的女儿在她的生日给我和她妈妈发私信："感谢爸爸妈妈的养育培养之恩，女儿在生命的每一天都会祝福爸爸妈妈永远平安健康幸福！"看到这样的话，我们老俩口情不自禁地流下热泪。

礼物是无言的表达。我珍藏着许多女儿小时候为我制作的生日贺卡，稚嫩，天真，无比亲切！每次翻捡到这些贺卡，时光就会倒回到那些美好的瞬间，眼前一定会再现孩子可爱的小模样，内心无比熨帖！我们的结婚纪念日在十二月一日，北方正值隆冬。每年，我们的女儿一定会从网上订购各色鲜花按时送来，打开这一捧鲜花，家里顿时春意盎然！她们的妈妈会捧着鲜花穿上她的各款衣服，在家里的各个位置各个角度用各种姿势拍照，然后发到微信朋友圈，坐等点赞。鲜花放在花瓶一日三换水，直到枯萎都舍不得扔掉。今年过年，远在美国的女儿给我在网上买了一件中式唐装，只要有人夸好看，我马上会说："二女儿给我买的。"儿女长大了，父母一定变老了，孩子成了大人，父母就成了小孩。童心世界，摆满礼物。

我们都向往幸福，可是我们大多数人不会发现幸福，更不会营造幸福。发现幸福、营造幸福的能力要从小培养教育，不要忘了，每一个人都是从童年走来。不会爱孩子的父母缺失了童年的爱的教育，甚至本身就缺爱，不会爱父母的孩子，是因为父母没有教会爱，将来成为父母又会是一个不会爱孩子的父母，父母与孩子的爱也是一个"马太效应"。教会爱，实在是比教会写字、算术更为重要。

ABSORB THE NUTRITION OF TRADITIONAL CULTURE

汲取传统文化的营养

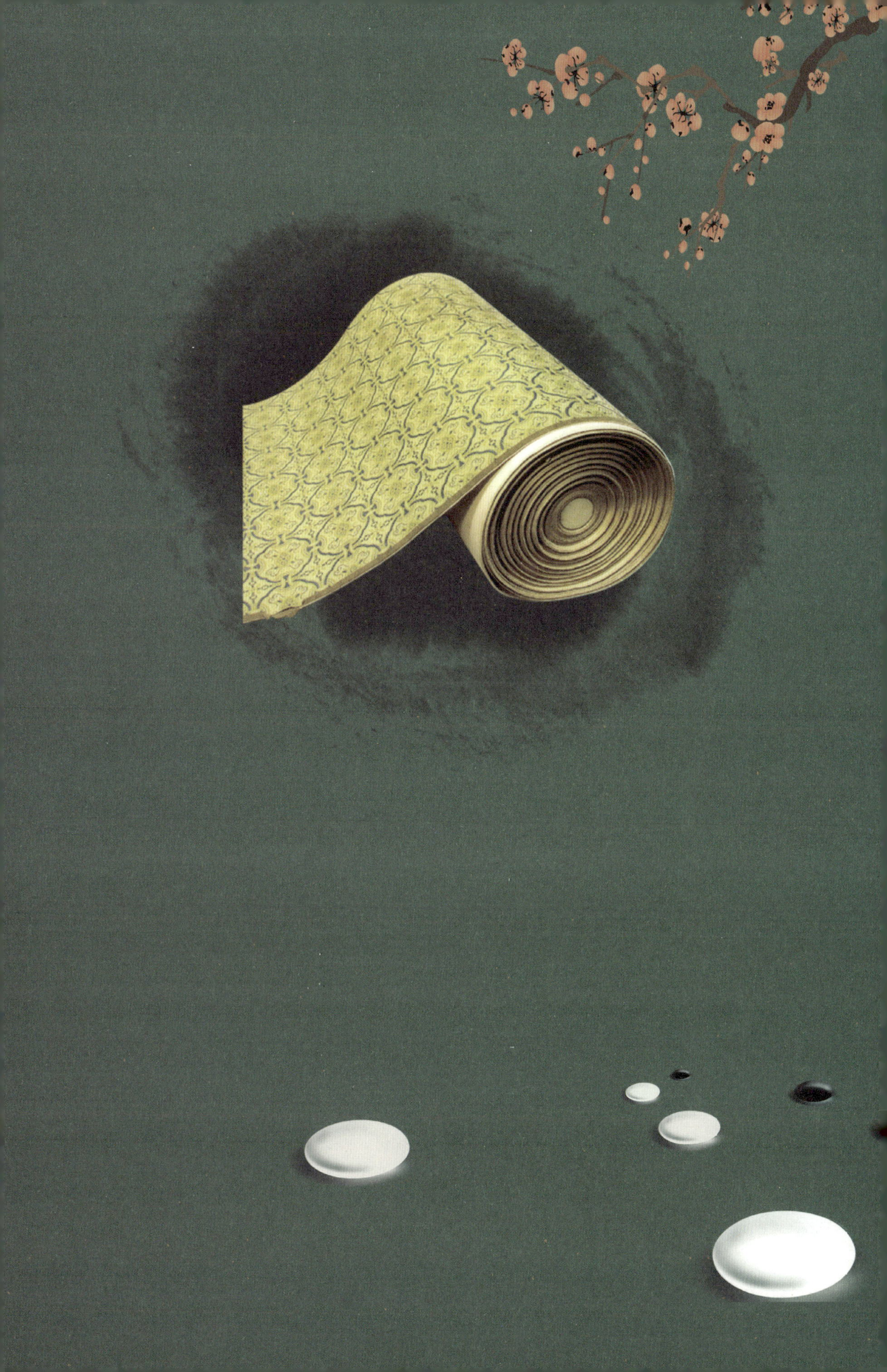

01
礼仪之道
ETIQUETTE WAY

一个人的修养包含两个方面：内在的精神情感和外在的言行举止。礼仪，讲的是外在的言行举止，说的是言行举止要遵守道德、礼制的规范，守规矩，讲礼貌，恭敬辞让，言行有度。

关于礼仪的源起，《荀子·礼论》说得清楚，曰："人生而有欲，欲而不得，则不能无求，求而无度量分界，则不能不争。争则乱，乱则穷。先王恶其乱也，故制礼以分之，以养人之欲，给人之求，使欲必不穷乎物，物不必屈于欲，两者相持而长，是礼之所起也。"礼区别尊卑贵贱长幼亲疏，按地位享受权利，分配财富，以避免争乱，各得其所，是先贤制礼的根本动机。如果光凭个人的欲望，必然会引起争斗混乱。恭敬辞让是礼的根本精神，言行有节，言行有度，是礼的规范。一个人内在的精神，比如"智仁勇"，要通过外在的恭敬辞让、言行有节表现出来，内外结合，才会呈现文质彬彬的谦谦君子形象。反过来，外在的恭敬辞让、言行有度，长期身体力行，又可以加固精神，提升人格。类似于内外兼修，形式与内容的高度统一。

孔子是讲礼的至圣先师，要做到仁，必须是："非礼勿视，非礼勿听，非礼勿言，非礼勿动"；讲孝是："生，事之以礼。死，葬之以礼，祭之以礼"；说为政："道之以德，齐之以礼"；教学要做到："博学于文，约之以礼"。总之，一切都落实到礼上，"不学礼，无以立"，没有礼仪，连站立做人的资格都没有。在法制观念还没有建立的中国传统社会，礼仪代替法律规范人们的行为，维护社会的秩序。

随着时代的变迁，礼仪从形式到内容也在不断更新，但是礼仪的精神内核恭敬辞让、言行有度却没有改变。一个文明人，有修养的人，与他人交往，全部动作都会表达对他人的尊敬。需要强调的是，中国人习惯于把恭敬献给长辈、官员、师者，其实更为珍贵的是把恭敬献给陌生的人，献给地位境遇不如自己的人，使人与人的互敬成为习惯、风气、必须。"辞让之心，礼之端也"。为什么辞让会成为礼的起点？因为世界太拥挤，欲望太密集，纷争太频繁。后退一步，给他人留出空间，也给自己留出余地。辞让，是对欲望的节制，是对自己的节制，弯腰蹲下，往往是高高跃起的准备。有的父母把竞争意识的培养视为不输在起跑线的要务，其实有悖中国传统文化的智慧。言行有度，度，是区别人的综合能力高低最好的指标，看一个人有没有水平，有没有能力，其实看的就是他说话、做事，"度"把握的好不好、准不准。万物皆有度，万事兼有度。过度，就走向事物的反面。

每一个父母都希望把自己的孩子培养成谦谦君子，而君子有礼，才会有风度，有魅力，有力量。培养孩子有礼，首先从懂得尊敬长辈，尊敬老师做起。尊敬是内心的情感，需要外在的形式培养固化。比如吃饭让长辈先吃，出门让长辈先走，坐饭桌、看电视，把最好的位置给长辈。婚丧嫁娶礼仪，节庆礼仪，都是先贤熏育后人创造的极好形式，不仅要积极参与，更要严格按规矩践行。其次，要养成礼让的好习惯，无论是什么好东西，教育孩子首先做到不抢，不抢先，不抢占，不抢夺，抑制抢，是培养礼让的前提。做到有度最难，多读书，积累知识，提高修养；读好书，与古今中外的智者对话；常读书，与时俱进，不断吸收营养。读书，不反思，不领悟，不运用，书会把人变成书呆子，所以，学思践悟，才会学有所成。

礼貌，就是人有礼的样子，这样子不是天生的，靠后天培养教育。财富、权势，甚至名声并不代表高贵，根植于内心的修养才是真正的高贵。礼仪是修养的外貌。

02
中庸之道
WAY OF THE DOCTRINE OF THE MEAN

大多数人对"中庸之道"有误解，认为不讲原则的折衷主义，不讲是非、不偏不倚的老好人，就是中庸之道。听听《中庸》怎么说："博学之，审问之，慎思之，明辨之，笃行之""好学近乎知，力行近乎仁，知耻近乎勇""凡事豫则立，不豫则废""上不怨天，下不尤人"等等。你能看出来这是要我们做没有是非、不偏不倚的老好人吗？是要我们奉行不讲原则的折衷主义吗？

深入研究《中庸》，你会发现，中庸之道其实讲得是思维方法，讲得是做人做事的境界，讲得是怎样做一个勇于进取的人。

人的思维最怕偏激，偏激必然片面，片面地看待事物，分析问题，必然得不到正确的结论，当然也找不到解决问题的正确方法。所以，中庸要求人们"博学之，审问之，慎思之，明辨之，笃行之"，就是面对问题要广泛地学习，要深入地提出问题，周密地思考，要仔细辨析真伪，还要在实践中检验，最终达到去伪存真，不偏不倚。这完全是辩证思维的一个标准过程，中庸之道，其实根本上是准确认识、掌握事物之间相互关系的方法与路径，是思维要达到的一个臻于完善的境界，是中国人整体思维的表现方式。为了达到这种境界，中庸要求人们"人一能之，己百之；十能之，己千之。果能此道矣，虽愚必明"。反复思考，反复实践，愚者也能变聪明。中庸还特别强调反思的重要性，曰："温故而知新"。

和为贵，是中庸之道表达的另一个重要思想。《中庸》说"致中和，天地位焉，万物育焉"。只要实现中和，就能够达到自然和人世，万物各得其所的理想境界。孔子说："中庸之为德也，其至矣乎！"在孔子心目中，中庸是最高的道德。一部人类的历史，其实就是杀伐征战的记录。就连以弘扬"慈爱"为宗旨的宗教，也发动了一次次战争。征战杀伐无论有怎样的理由，走的都是"极端主义"的路线。而一个人想不通、放不下，导致抑郁乃至自杀，往往是思想走了极端。至圣先师孔子早已看穿看透：极端不控制，灾难无止境。所以提出"允执厥中"，要统治者"执其两端，用其中于民"（《礼记·中庸》）。

现代社会人们对中庸还有一个误解是，认为中庸就是平庸，不作为。恰恰相反，《中庸》说"言顾行,行顾言,君子胡不慥慥尔!"要求言行一致,说到做到。"凡事预则立,不预则废"要求做事前要反复思考,认真准备,周到细致,最终做到"内省不疚,无恶于志"。中庸不仅要求人们积极进取,更重要的是,做事要达到最好的效果。

用中庸之道教育孩子,首先,要消除对中庸之道的误解,反复的、多种形式地解读其准确的含义。其次,用中庸的理念引导教育孩子形成不偏激不极端的思维品质,做一个言行一致,勇于实践,做事严谨的人。最后,建议小学三年级以上的孩子背诵《中庸》。全篇三十四章仅三千五百多字,一周一章,半年为期,可以熟诵。《中庸》是语录式的,并不艰涩,如"上不怨天,下不尤人""温故而知新""凡事豫则立,不豫则废""人一能之,己百之;人十能之,己千之",脍炙人口,耳熟能详。有的章节个别语句不能理解,没关系,先记在脑中,随着知识阅历的增长自会领悟。

可以说,中庸之道是儒家至上的道德标准,是君子必备的美德,"君子中庸,小人反中庸",可以说至人完人才能做到。普通人做不到,但是可以无限靠近这个标准。

03
君子之道
THE WAY OF A GENTLEMAN

君子，是中国传统文化中关于人的评价最美好的字眼，说一个人是"君子"，是对这个人最高的赞誉，最大的肯定。把孩子培养成君子，应该成为每一个家长的教育目标。

什么是君子？正如好人、美人、能人，关于人的评价总是不可以一语中的，君子的内涵更加丰富、更加广阔。

智慧如先贤孔子，也一定是感觉到了君子的不好把握，塑造了一个小人的形象与之对比。最早，君子与小人是阶层的划分，君子是统治者，小人就是卑贱的小人物、小老百姓，到孔子这里，君子和小人的划分，不一定是在不同的阶层、不同的人群之间，同一阶层、同一群人，甚至同一个人，也有君子、小人的成分，君子、小人的较量。

听听孔子说君子应该是怎样的人："君子怀德，小人怀土；君子怀刑，小人怀惠。"说得是君子与小人的根本区别，是公与私，以公共利益为念，便是君子；以私自利益为念，则是小人。所以，"君子厚德载物"，利人、利他、利天下。德是君子的第一标准。君子与小人的人生目标也有本质的不同："君子喻于义，小人喻于利。"君子追求的是高尚的精神境界，小人谋求的是物质利益。孔子对他的弟子颜渊说："君子成人之美，不成人之恶，小人反是。"所谓成人之美，就是促成他人的好事，诸如联结良缘、介绍益友、消解误会、帮助合作等，偏重于锦上添花。"君子周而不比，小人比而不周"。著名文化学者余秋雨解释为：君子团结而不勾结，小人勾结而不团结。形象生动好记。最为普及、耳熟能详的是："君子坦荡荡，小人长戚戚。"君子无私无畏，无愧无疚，心底干净，没有什么好担忧的，没有什么好害怕的，光明磊落，坦坦荡荡。小人要谋私、要结党、要害人，苦思冥想，躲躲闪闪，忧惧交加，自然是悲悲戚戚。所以，孔子不仅要求弟子做君子，还要像风一样影响大众："君子之德风，小人之德草，草上之风，必偃。"君子的道德之风吹向草，草就会随风倾覆。

中国传统文化将君子的德行归结为四个层次十个字。一是"孝"，百善孝为先，不忘养育之恩，不忘教育之恩，就是不忘人伦的根本，所谓人不忘本既指此。二是"诚、敬"，诚是不自欺，不欺人，尊重事实，诚实为本，脚踏实地。敬是不怠慢，不放荡，敬畏天地，敬畏规矩，敬畏他人，敬畏职业。三是"智、仁、勇"。《中庸》的解释是："好学近乎知，力行近乎仁，知耻近乎勇"。意思是作为一个君子就要好学，学无止境，只有学习才能不断进步，才能与时俱进。踏踏实实去做，身体力行，才是仁。懂得羞耻，以错为耻，有勇气发现错误并改正的人才称得上勇。四是"礼、义、廉、耻"。守礼，就是按自己的身份说话做事，儒家所谓"五伦"："君臣、父子、兄弟、夫妇、朋友"，说得是尊卑有别，长幼有序。义是人该做什么不该做什么的选择，"义者，宜也"，"义者，人路也"，取义，就是选择了人应该走的路。廉，正直、清廉。耻，有羞耻之心，做君子光荣，做小人羞耻。

由此可见，君子是中国人的人格理想，君子是博雅的典范。学识丰富，品行端正，明礼诚信，公正无私，身体力行，光明坦荡的人，才称得上君子。

君子的品德怎么养成？每一个人的人格塑造都是和环境互动的结果，家庭是修成君子最重要的环境，想要孩子成为怎样的人，父母首先要成为这样的人。父母应该经常用先贤的话对照自己，用传统文化的十个字反思自己，要求孩子做到，自己首先做到。当然，父母做不到，也并不意味着孩子就成不了君子。中国文化始终强调为己之学，强调成为一个君子主要靠自己，即反求诸己。不断地学习，不断地实践，不断地反思。反思才能使人进步，反思是自我教育最好的方法，而教育的最高境界是自我教育。有远大的目标，还要具备坚定的志向，不怨天尤人，不随波逐流。中国传统文化还善于用物比喻君子，比如水、莲花，比如"岁寒三友"，比如"四君子花"。引导孩子发现认识总结这些形象的特点，赏识其中蕴含的品格，潜移默化的熏陶浸染。良师益友的影响、感召、激励也是至为重要的牵引力，所谓"近朱者赤，近墨者黑"。

君子是比好人更高的要求，把孩子培养成君子，是教育最大的成功。

EDUCATION IN THE CLOUD

高入云端的教育

EDUCATION

01

人云 你云了吗？
IT WAS YOUR CLOUDS?

大家都在说"云计算""云储存""云教育""云学习"而我却如坠五里云雾，不知其为何？可见"人云亦云"并不那么容易。起五更，睡半夜，恶补一个月，终于有点"拨开云雾"。生存在大数据时代的家长，关于"云"也该略知一二。

云计算，就是将大量用网络连接的计算资源统一管理调度，构成一个"计算资源池"，向用户提供可用、便捷、按需的网络访问。海量资源，按需服务，是云计算的显著特点。在云计算平台上为用户提供文档、图片、音频、视频、附件等存储服务，存储量大，简单易用。云计算作为数据资源的底层，支撑着上层的大数据处理。

云教育，是云计算在教育领域的实际应用，即根据云平台要求进行研发使用的教育"云"。其功能是：建设大规模共享教育资源库；构建新型图书馆；打造教学科研"云"环境；创建网络学习平台；网络办公自动化。云教育必将促进教育产生前所未有的革命性变革，这种变革会从教育方式、教育方法起步，逐步影响教育制度、教材体系，最终导致教育思想、教育观念的彻底更新。美国从 21 世纪开始，在家通过网络上学的人数已经超过 5%。日本拟将在家通过网络学习，立法规定属于"义务教育"。在大数据条件下，学校将变成与云端连接的教育。

云学习，在云计算环境中，在云教育平台上，为学习者建立的开放式、个性化、互动探究式的学习系统。云学习系统包括云学习平台和云终端学习机。云学习平台作为"云端"资源，架构"知识云"，云终端学习机以随时随地、即需即学的方式实现对知识云的检索、互动、探究、学习。云终端学习机是轻捷便利的客户端，如笔记本电脑、IPAD、智能手机等，尤其是智能手机将成为最为便捷最主要的移动终端学习机。云学习会成为未来学习的主要方式，因为它轻松解决了传统教育无法解决的三大问题：以学习者为本；因材施教；互动探究。

传统教育最大的弊端是"去我化"，把一个班级、一个年级，甚至一个学校的学生抽象成一个人进行教育训练，把活生生的学生个体当成流水线上的产品进行打造。教育原本追求的是个性化发展，而目前的教育千方百计的追求标准化，因为标准化针对多数群体效率最高，有利于应试。而云学习正好相反，从传统的"去我化"变为以学习者为本，围绕学习者的需要提供学习内容，根据学习者的个体情况提供学习方式。

教育界最大的谎言是"为每一个学生提供适合的教育"，首先你无法知道每一个学生需要的教育是什么。其次，即使你知道了也无法提供。云学习通过大数据可以为每一个学习者个体建立学习档案，随着学习进程提供实时的评估数据，让教育者、学习者本人都知道学习的效果、存在的问题、改进的方法。使因材施教真正成为可能。

云学习可以轻松实现人与"云"互动，人与人互动探究。人与"云"之间的互动，主要通过操作学习对象或与之关联的对象来实现，它包括人对学习对象的认知、探索、实验、模仿、训练、游戏、评价、合作协同等来实现。人与人之间的互动，主要通过教育者对学习者活动流程的设置，对活动型组件和学习资源的配置来实现。

有一个预测还没有想好，但我个人认为完全有可能实现，由于云教育，由于大数据，高考总有一天会取消，因为从小学到高中，只要需要，所有的数据都可以采集存档，比如各个学期各门功课的成绩、各个年龄段身体素质记录、品行记录，甚至学生个体在什么领域有发展的潜力。这些数据比一次高考不知要科学多少倍。用这些大数据决定上什么层次的学校、选择什么专业不是更科学、更公正吗？

20年前你不学习计算机、不会用计算机，历史已经证明你根本无法走在时代的前列；10年前，你不学习互联网拒绝使用互联网，今天你正面临着被时代淘汰的可能；现在，你不学习大数据，不懂云教育，10年后不用证明，你一定连生存都不会。因为，计算机网络是20世纪人类最伟大的发明，它正在从根本上改变人类的生存方式。

02

大数据 上帝的眼睛
BIG DATA, GOD'S EYES

世界是物质的,是真理;世界是数据的,正在成为真理。有人说:掌握大数据的人可以像上帝一样俯瞰世界。未来的教育,不仅离不开大数据,必将进入大数据驱动的新时代。教育将从用经验说话转入用数据说话、用数据决策、用数据管理、用数据创新。用数据管控分析评测学习进程和结果,将会改进教学方式与方法,改善学习方式与方法,实现教与学效率最大化,效果最优化。

大数据时代,教师怎么教?大数据时代,教师不再是单纯的知识传授者,而要成为学生学习的促进者、知识探究的合作者,变"演员"为"导演",做学生学习的引导者、组织者。第一,要充分利用云教育平台,把要学习的新知识通过网络视频与生产、生活的实际相联系,创设情境,激发兴趣。第二,教师新授知识要通过多种多样的数据,揭示知识产生的来源、过程,让学生不仅知其然,更要知其所以然。学生课堂讨论从教室延伸到无处不在的网络,借助网络使教室与广阔的世界相连接。第三,通过数据信息,让学生了解掌握所学知识在生产、生活领域的广泛运用。利用虚拟空间运用所学知识开展实验、实践,使培养动手能力、应用能力变为现实。第四,通过海量数据,展示所学知识最新研究成果,使学生始终站在知识的前沿,具有未来眼光。第五,运用数据建模对学生的学习行为、学习效果随时测评,使教学反馈及时便捷,便于进一步优化教学行为,改进学习方法。

大数据时代,学生怎么学?人类的学习行为,基本上对应着信息载体的变革:印刷术使学校、图书馆成为学习中心,电信技术使学习从学校、课堂走向社会,互联网大数据将使学习由"去我化"变为"以我为主"。按需学习、实时教学、打破时空、忽略年龄界限是云教育的显著特征。越来越少的课堂,越来越多的云资源;越来少的讲授，越来越多的互动；越来越少的教师、教室，越来越多的实验室。慕课、微课、翻转课堂将越来越成为主要的课堂形式。理论上讲，一门课世界上只要一个老师，一等于无限。一言以蔽之：未来的学习是基于大数据的自适应、个性化学习。

大数据时代，学校怎么管？传统的学校管理基本上是"纪律"加"自律"，一靠制度，二靠自觉。大数据为科学决策提供了可能，大数据可以帮助决策者清晰了解现状，及时掌握更加全面、更加有价值的信息，精细地捕捉各个层面的变化数据及由数据展示的复杂因果关系和相关关系，使决策由经验变为科学预测、分析、建模推演。大数据使管理科学化、专业化成为可能，工作量与工作效果，管理者都可以有针对性地获取数据，定量数据为定性评价提供科学的依据。大数据为本质上评价教育质量提供了可能，"增量评价""进步评价""发展潜力"评价有了技术和方法的保障，评价对象从学生扩大到课程、教师、学校，品德教育从简单的说教深入到心理、人格测试，使育人更加有针对性、实效性。

通过大数据对学习行为、学习兴趣、学习内容等进行数据化，分析总结数据之间的关联性，从而发现不同学习者的认知倾向，为学习效率最大化提供方法模式。通过对大数据的运用挖掘，使学习者的学习更加主动、可预测、可协作，更为轻松、有趣、可控，更加智慧。

智慧学习，不再是靠人脑，而是靠电脑，当然电脑也是人脑设计的。

03 云教育环境下的新型教学方式——翻转课堂
A NEW TEACHING MODE IN THE CLOUD ENVIRONMENT - FLIPPED CLASSROOM

传统的教学模式是先教后学，所谓"翻转课堂"是先学后教，把教与学的秩序"翻转"。翻转课堂最早是为了转化差生而发明的。美国科罗拉多州落基山脉一个坐落在山区镇上的高中，许多学生由于走读上学，路上花费时间太多而落下功课。化学老师乔纳森·伯尔曼和亚伦·萨姆斯把他们上课的内容制成视频上传到"云"，让缺课的学生通过访问上传了教学视频的网站补课，这种方式的最大好处有两点：不懂的地方可以反复播放；使学习成为随时随地可以进行的个体行为。这种方式收到了意想不到的效果，他们干脆面向全班学生，每一节课的知识都制成教学视频，学生课前先看教学视频，课堂上完成作业、做实验、为个别学生解疑答难、开展拓展讨论。把教师的"教"退到教学的后台，突出"学"，淡化"教"，让学生真正成为学习的主角、主体。

我们总结翻转课堂的优势，可列举如下：

——有利于学习困难者。传统课堂教学，无论班级里有多少学生，老师的讲授其实是抽象为一个人，而这个抽象的人的学习能力、接受水平往往是班级里学习优秀者的集合，因为课堂上积极响应的都是学习优秀者，其他学生只是被动地跟着"随大流"，听不懂、跟不上讲解进度，慢慢的就失去学习兴趣，成为差生。翻转课堂扭转了这一弊端，学生自己看时可以暂停、重放，直到完全明白为止。在课堂上，由于老师的时间空间被解放，有机会去重点辅导学习困难者。

——使课堂探究互动成为可能。翻转课堂改变了传统课堂的师生相处模式，教师既可以和学生一对一交流，也可以组织接受能力较差的学生进行讲解演示，老师个别辅导或给差生讲解的同时，让学习优秀生组成合作小组，进行拓展活动。

——实现学习者个性化学习。每一个学生的学习能力和兴趣爱好都会有很大的差异，传统教学试图通过分层教学来解决，但时间、空间，特别是包括师资在内的教学资源的有限，分层教学试验效果不佳。翻转课堂学习者根据自己的能力兴趣，自主安排内容进度，实现了本质意义上的分层教学，因材施教不再是一句空洞的口号。

——学会学习，由理念变为行动。提出问题，教给解决问题的方法，再用学到的知识解决更多的问题，是认知规律，也是学习规律。翻转课堂不断运用这一规律既教给学生解决问题的方法，也教给了学生学习的方法。在学习的过程中，翻转课堂科学而有效地解决了教师在教学中哪些环节要"扶"，哪些环节要"放"，通过从"扶"到"放"训练过程，教给学生学会自己走路，学会学习的方法。

——育人至上代替教学至上。传统教学课堂，教师必须专注于知识的讲授，同时密切关注学生的听讲动态，学生有小动作或交头接耳，老师就要停下来严加管教，因为学生稍有分神，就会跟不上进度，听不明白老师讲授的知识内容。而翻转课堂上很多课堂管理问题没有了，师生关系变得格外融洽。

更重要的是，老师有机会发现学生潜在的问题，对症下药，及时解决。

美国籍孟加拉国人萨尔曼·可汗创立的"可汗学院"，是世界上最著名的翻转课堂教学网站，2012年《时代周刊》评选影响世界百人榜，"可汗学院"创始人萨尔曼·可汗位列第四。他说："我们的目标是用科技的力量来实现人性化的教学。让任何人，在任何地方，都能得到世界一流的教育。"

04 云教育环境下的新型教学方式——微课

A NEW TEACHING MODE IN THE CLOUD ENVIRONMENT - MINI COURSE

微课，即微型课程，是指时长在 6～10 分钟的小课程；微课有明确的教学目标，内容短小，集中说明一个问题；微课以教学视频为主要载体，反映教师在课堂教学中针对某个知识点（可以是某一知识概念、重点、难点，也可以是方法传授）开展教与学活动的各种教学资源的有机组合。微课是传统课堂教学的有效补充形式，不仅适合于云学习时代知识的传播，也适合于学习者个性化、深度学习的需要。

微课制作一般有五个步骤：①列出核心概念；②提供背景知识；③录制教学视频；④设计出自主学习和探究学习的课后任务；⑤将教学视频与课程任务上传到课程管理系统。学习者通过特定的云教育网站学习微课。

微课是一种新型的课程单元，其载体是短小精悍的微视频。微课大多是由一个视频文件组成，以一个知识点（概念性知识、问题等）为主体，覆盖学习者的学习过程，它包含教学目标、内容、资源、活动和反馈评价等必要的课程要素，集中精炼，深入浅出，立足于讲深讲透。微课是云教育环境下最基础、最生动、最形象、最简便的课程资源。

微课的特点是动态性、开放式。微课将

视频、字幕、师生互动有机结合，允许在线的教师和学生自由编辑，通过平台互通，学习者超越微课程预定的知识结构，通过补充概念、实例、应运等，拓展学习者获取信息的渠道，扩大知识应运的视野，把知识学习与知识应运融为一体。

微课的优点：一是展示了全新的教学理念、教学思想、教学方式和教学方法，应运微课有利于教师树立现代教学理念，有利于学习者不仅学会知识，更清晰地理解知识产生的过程。二是把学习的大目标变成一个个小目标，消解了学习者的学习压力，对于学习困难者其意义更大。三是有利于逐步树立学习者自主学习和协作学习的理念，提高自学能力，变学会为会学，实现了从传统教育的"以教为主"向"以学为主"的转变。四是能够满足学习者对不同学科知识的个性化学习、按需选择学习，既可查缺补漏又可强化巩固知识。

05 云教育环境下的新型教学方式——慕课
A NEW TEACHING MODE IN THE CLOUD ENVIRONMENT - MOOC

慕课，即大规模在线开放课程，英文 Massive Open Online Course，缩写为 MOOC。M 指的是课程注册人数多；第一个 O 指的是凡是想学习的人都可以进来；第二个 O 指的是时间空间灵活，全天候开放；C 指的是各种类型的课程。慕课在最大范畴内颠覆了传统课程，它通过云技术，将课堂教学、学习体验、师生互动融为一体。

慕课不同于传统的通过广播电视、互联网等形式进行的远程教育，不同于教学视频网络公开课，不同于基于网络的学习软件或在线应用。慕课可以简单的分为两类：分散无体系的课程和有组织体系的课程。分散无体系的课程涉及面非常广泛，它通常是由某个领域有特长或有创新思维的人推出该领域的公开课，对此课题感兴趣的人云集在这一课题下，通过对话、博文、论坛、视频等学习交流。有组织体系的课程则由大学或一些职业培训机构（如新东方）发起，是名副其实的学习课程，具备详细的课程培养方案、课程学习计划、课时安排、课件、课后作业等。慕课是开放的，任何人无论任何身份、任何学历起点、任何时间地点，都可以选择任何感兴趣的内容，并在课后自由发表学习的收获、对所学内容的评价。

慕课是生成式课程，初始仅提供少量预先准备好的材料。而学习者更主要的是通过对某一领域的话题讨论、组织活动、思考和交流进行思维创新，生成知识。慕课的课程结构比较完整，包括课程目标、协调人、话题、时间安排、作业等，学习者可以根据自己的习惯和偏好使用多种工具或平台参与个性化学习。慕课使全球学习者可以通过互联网和各种终端，获得世界最优秀的教育资源，解决了教育资源不公平的世界难题。

慕课依据其课程反馈功能对学习者的学习效果进行评估，给出相应等级，符合相关资格条件，可以发给相应的认证资格，证明其在这一学习领域具备的水平。

在慕课模式下，学校在"云端"，教室在"云端"，传统的教室将成为学习的"会所"，学员集体做作业、讨论、答疑，教师成为会所的辅导员，与学员直接讨论交流。学习内容自主选择，考试针对选择的内容。课程体量小，分知识点学习，讲课精，可反复学。教师与学生，学生与学生，互为师生。在线学习，在线考试，在线授资格证书。此种学习被称为"柔性学习"，相对于传统的学校教学，不仅投资少、见效快，更重要的是实现了教育理念根本性的革命，使传统教学的"老三中心"（课堂中心、教师中心、教材中心）真正实现向体验中心的转变，使从孔子始提倡了二千多年的因材施教变为现实，使合作探究互动式学习有了物质支撑，为每一个受教育者提供合适的教育成为可能。

国内最大的中文慕课网站是慕课学院（mooc.guokr.com），收录1500多门各大慕课平台上的课程，有50万名学员在线学习。

酷学习网（kuxexi）是首个基础教育慕课公益免费视频网站。在网站的首页上，写着这么一句话："你有一个苹果发给别人一半，你还有一半。你有一门知识，教会别人，你和别人都拥有一门知识。"我把这句话抄录在这里，是因为我觉得它代表了基于互联网云教育的核心理念：共享、合作、公益。

06
人生在线
LIFE ONLINE

世界上万事万物互相联系是一个哲学概念，世界上万事万物互相连接是一个物理概念。万事万物从联系正在走向连接，桥梁是互联网。互联网会在怎样的范围、怎样的深度、怎样的方式上改变人类的生活，目前还没有定论，但人类离不开互联网已成定论，在线生存会成为人生常态。

早晨你一睁开眼睛，伸手做的第一个动作是从枕边摸手机，你想知道昨晚到今晨朋友圈都有什么新动向，你人睡觉了，但手机在线，为你盯着全世界，只要你有时间，你可以从手机了解任何地方、任何时间、任何信息。人有时间、空间的限制，但是在线的手机没有。你每天走了多少步在线的朋友圈知道，朋友走了多少步你也知道。手机上网看信息，用手机社交、支付、购票、打车、各种网约，只是手机在线服务小小的一部分。手机在线为人服务的功能远远没有挖掘完，几乎每天都会有新的应用在发明。

你的眼睛也可以在线，谷歌已经推出互联网眼镜，只要你戴上这个眼镜，你看到的每一个画面朋友圈的人都能看到。如果愿意，借助一个平台，把你看到的直播，全世界任何人访问这个平台都可以与你共享看到的。

电脑在线是最早最常见的，你的每一次点击，每一次浏览，每一次键盘输入都已经在线，大数据会根据你的点击，很快分析出你的偏好，甚至你的住址、职业、年龄、工作单位。有一个叫"今日头条"的网站（综合类APP），只要你点击阅读其中的一个内容，你的首页上就会推出与你阅读同类的内容，所谓"你感兴趣的就是头条"！正是因为极端个性化的服务，该网站推出不到一年的时间，用户超过 5 亿。

汽车用 GPS 导航，是典型的在线，也是最初级的。汽车智能化的最高境界是在线行走，汽车所处位置、路线、机器状态、轮胎气压、油箱油量等，不仅驾驶员一看表就知道，任何关心你行驶状况的人都可以通过互联网看得一清二楚。

你住的房子可以在线了，无论你走到哪里，你都可以随时查看你的家里是否安全，空气质量如何，室温多少，煤气是否安全，冰箱运转是否正常等。

你的电视可以在线了，你不仅可以选择任意在线播放的内容，更要命的是，你看电视的喜好甚至面部表情、体温征兆、眼球焦点都会被电视自带的摄像头捕捉，成为广告主的投放反馈数据之一。

你的睡眠也可以在线了，将智能手环佩戴在手腕上，就能监测你睡眠的程度，入睡后心脏、大脑的状态，甚至睡眠的姿势。

教育当然在线，我前面写过的微课、慕课都是在线课程，学习可以无论时间、地点、方式，打开手机就可以进行，理论上，说全世界每一门课只需要一个老师。因为时间关系，我每天上下班在车上听"喜马拉雅"在线播放的讲座，已经坚持了三年，听各种各样的讲座超过一千课时，这些讲座内容前卫、观点新颖，讲得生动有趣，最重要的是听起来方便快捷。

世界是物质的，世界是数据的。我们在物质的世界里生存，我们在数据的线上生活。

07

网瘾如毒
INTERNET ADDICTION IS LIKE POISON

中小学生学习成绩突然下降的原因有三点：上网成瘾、坠入情网、染上疾病，三点原因首推网瘾。所谓"瘾"，就是痴迷、沉溺、强烈的依赖，欲罢不能，无法解脱。当对任何事情的爱好到了称之为"瘾"的程度，就成了病，诸如烟瘾、酒瘾、赌瘾、毒瘾。

我前面写过《人生在线》的文章，说的是世界已经数字化，每一个人都离不开网络，都生活在线上，在线生活也成了现代人的标志。你的孩子进入幼儿园，老师首先给你建一个家长群，你经常会收到孩子一日生活的视频。上小学了，你经常会收到老师布置的家庭作业，有时也会收到约你去学校见老师。上中学了，你经常会收到学习成绩排名。就是说学生的学习生活离不开网络，网络也把学校、家庭、学生、老师、家长融为一体，真正实现了家校共育。那些被称为智慧校园的学校，网络建设的水平更是令人称奇，在校园的每一个师生都是一个移动终端，教育教学、管理评价都离不开网络，万物互联。网络带给人们便捷、高效，无限开阔了人们生存的空间，无限延长了人们的视线。可是，网络的负面影响也在逐步显现。互联网商家为了最大限度地追逐利润，在网络上开设游戏、赌博，播放黄色淫秽录像、邪恶动漫，刊载低俗小说，等等，人们称之为"电子精神毒品"！电子精神毒品中，对青少年危害最大的是"网游"。因为手机的普及，网络游戏百分之九十是通过手机 APP 来玩，所以也叫"手游"。互联网大亨马化腾的腾讯公司 2017 年游戏收入 1000 亿元！

我们看看震惊全国的陕西米脂县赵泽伟凶杀案，随着案件审理的深入，揭出赵泽伟就是一个网瘾患者。村人说赵泽伟大约有五年的时间足不出户，成天埋头于电脑，凡人不理。从 2017 年开始，赵泽伟迷上一款俗称"吃鸡"，网名《绝地求生》的游戏。这款被称为"大逃杀"的游戏以自我"生存"为主旨，同时有 100 名玩家在某一个区域厮杀，直至留下最后一名幸存者，而这名幸存者会得到最高荣誉: 大吉大利，今晚"吃鸡"！有人研究，赵泽伟就是把网络游戏中的杀人模式搬到了现实中。

赵泽伟丧心病狂持刀杀人属于匪夷所思

的极端案例，不能因为赵泽伟就推断出玩网游就会杀人的结论。但是，网游对人的危害，特别是对中小学生的危害，绝不可以等闲视之。笔者有过做中小学老师、校长的经历，见证了太多的网游悲剧，原本是品学兼优的学生，因为痴迷网游，忽然脱形变相，神情恍惚，迷迷瞪瞪。原本可以成才的孩子，一下子能否成人都成了问题。

网络游戏的设计者大多利用人性中贪财、好色、霸权的弱点，让玩者在虚拟的世界里获得财富、美女，当上拥有至高无上权力的皇帝、将军之类，有的是利用人类普遍懦弱、无能的弱点，在虚拟世界里让人可以获得各种各样神秘力量，肆意滥杀，无所不能。而实现上述目标，并非一蹴而就，而是设计层层关卡，步步升级，不断购买装备，靠耗时间、耗金钱才能达到目标，而这样的目标永无止境，因为游戏软件不断更新、不断升级设置的目标随之不断提高。想想，哪一个老师的课堂教学，哪一本书的内容，哪一项文体技能，能够超过游戏的吸引力？深度痴迷网游的人自述：脑子里全部是游戏画面，想的全是怎样过关，怎样升级，怎样战胜对手，不想吃饭，不想睡觉，最怕人打扰。网瘾不亚于毒瘾，甚至超过毒瘾！

心理学研究表明，动感画面、缤纷色彩对人的吸引力最大，游戏带给人的愉悦其他任何活动都不能相比。人类的智者正是利用这一点教育人、培养人，寓教于乐。而当代游戏设计者是将此极端化，把寓教于乐狠狠地向前推过了头。无数的父母对此缺乏理性认识，为了哄孩子安静，塞给一个手机玩，为了让孩子与其他孩子合群，对孩子玩游戏睁一只眼闭一只眼。有的家长甚至错误地认为网络时代，玩手机是孩子的基本技能。加之，不良商家，无耻专家推波助澜，说什么00后孩子是网络原生态，把沉迷网络说成是正常的生存方式，把正常使用网络与沉迷网游混为一谈。所以，预防网瘾，首先家长要端正认识，对自己的孩子有可能沉迷网络要有高度的警惕性，万万不可过早的让孩子接触手机，特别要禁绝在手机上玩任何形式的游戏。

已经上学的孩子最好不要给买手机，实在不行，也要经常检查，绝不能在手机上下载与学习、学校无关的App，手机只能是通信工具，学习工具，其他有可能导致沉迷网络的功能一律禁绝。

引导孩子课外学习健康有益的文体技能，最好是约同龄、同年级、同班、同小区的孩子一起学习。

父母要与孩子多沟通、多交流、多陪伴，做孩子的朋友，了解孩子的需求，不仅和孩子一同生活，更要走进孩子的精神世界。

要求孩子不沉迷网络，家长首先不要埋头手机。让孩子看到网络只是用于正常的工作、生活，父母上网行为是正面的、正当的、有节制的。

正当我写这个短文时，看到教育部发出《关于做好预防中小学生沉迷网络教育引导工作的紧急通知》，并且为此还发出《致全国中小学生家长的一封信》。可见中小学生沉迷网络已经成了严重的社会问题，引起国家的重视。

后记

我曾经教过小学语文、初中语文、高中语文，曾经做过小学校长、中学校长、大学专科党委书记，现在在培养教师的师范大学工作。从教师到教育管理者，从基础教育到高等教育的特殊经历，使我对中国的教育有了更多的观察角度，也有诸多的思考与感想。做中小学校长期间，我有更多的机会接触家长，也经常为家长学校授课，这些年又做教育管理的硕士生导师，从研究的视角看基础教育，看基础教育阶段家庭教育的重要性。我的这本小书是我基于自己的教育理念来看家庭教育的思考与感想。

感谢我的妻子贺春芳和我可爱的女儿高思畅、高雅韵，我的家庭原本就是一个教育之家，我的妻子、孩子每天都在上演家庭教育的实践，尤其是我的妻子，她的正确的教育理念、方法，不断地丰富和矫正我的家庭教育理念和方法。更重要的是她的家庭教育实践，使我的研究有了更多鲜活而真实的事例，让我原本模糊的理念因为眼前活生生的事例而清晰。

感谢《今日头条》内蒙古运营中心总经理李洁，是她为我在《今日头条》开辟了头条号"教育的智慧"，使我的这些关于家庭教育的理念与方法，以随笔的形式率先在《今日头条》上与读者见面，并获得十多万的阅读量，使我感到关于家庭教育的文章有庞大的需求受众，促使我萌生了把这些文章集结出版的想法。

十分感谢内蒙古师范大学国际设计艺术学院才华出众的韩璐老师精心为本书每一篇文章配制插图，使原本刻板的面目可憎的说教，一下子变得活泼而可爱。

感谢书法家李志平教授为小书题写书名，仅凭这个书名洋溢的书法美，这本书也值得拥有、值得收藏。

作者 高云峰

2020 年 5 月 14 日

于呼和浩特

图书在版编目（CIP）数据

父母难当 / 高云峰著 . —— 北京：北京师范大学出版社，2020.8（2021.7重印）
ISBN 978-7-303-26310-3

Ⅰ.①父… Ⅱ.①高… Ⅲ.①家庭教育 Ⅳ.①G78

中国版本图书馆 CIP 数据核字 (2020) 第 166560 号

父 母 难 当
FUMUNANDANG

印　　刷：	北京盛通印刷股份有限公司
经　　销：	北京师范大学出版社
开　　本：	787mm×1092mm　1/16
印　　张：	8.75
字　　数：	175 千字
版　　次：	2020 年 8 月第 1 版
印　　次：	2021 年 7 月第 2 次印刷
定　　价：	38.00 元

策划编辑：周雪梅	责任编辑：周雪梅	责任校对：陈　民
美术编辑：李向昕	装帧设计：韩　璐	责任印制：马　洁

北京师范大学出版社

http://xueda.bunp.com
北京市海淀区新街口外大街 19 号
邮政编码：100875
营销中心电话：010-57654735/57654736
高等教育分社：http://xueda.bunp.com

版权所有　侵权必究

反盗版、侵权举报电话：010-58800697
北京读者服务部电话：010-58808104
外埠邮购电话：010-58808083
本书如有印装质量问题，请与印制管理部联系调换
印制管理部电话：010-58805079